주님의 제자 학교

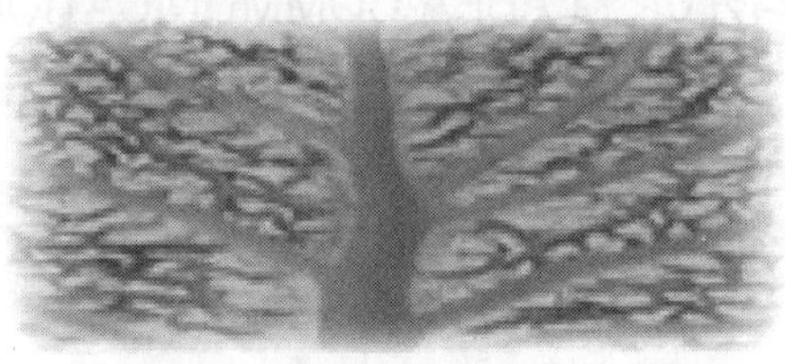

J. 오스왈드 샌더스 지음 · 채슬기 옮김

하늘사다리

ABBA COMMUNICATION **VISION**

하늘사다리는 이땅에 하나님 나라의 확장을 위해 존재하며 천국의
소망을 이어주는 가교의 역할을 하고자 합니다.
사역의 비전은 예수문화를 중심으로 하는 출판, 광고, 디자인,
문구팬시, 음악, 이벤트, 유통 등으로 이를

아바 커뮤니케이션 (ABBA COMMUNICATION)으로

통칭하여 펼치고자 합니다.
주님 오실 그날까지 하늘사다리는 주님을 외칠 것입니다.

제자 학교

지은이 ■ J. 오스왈드 샌더스   옮긴이 ■ 채슬기 펴낸이 ■ 정지홍
처음 찍은날 ■ 1998년 6월 13일
펴낸곳 하늘사다리 (등록번호 제 21-630호, 1994. 8. 11.)
서울특별시 은평구 녹번동 100-39 전화 / 352-1018 팩시밀리 / 383-9484
총판처(주)기독교출판유통 Tel. 0344-906-9161~ 4 Fax. 080-456-2580

ⓒ1998 하늘사다리 ISBN 89-86367-46-7 03230 한권 값 7,000원

주님의 제자 학교

서 문

그리스도께서 세계 복음화의 목적에 참여시키고자 계획하셨던 사람들을 처음 부르신 것은 제자로의 부르심이었다.

갈릴리 해변으로 지나가시다가 시몬과 그 형제 안드레가 바다에 그물 던지는 것을 보시니 저희는 어부라. 예수께서 가라사대 "나를 따라오너라 내가 너희로 사람을 낚는 어부가 되게 하리라" 하시니 (막 1:16-17).

그분의 권세 있는 언행으로 말미암아 그들은 "즉시 그물을 버려 두고 좇았다"고 했다 (18절). 그 후에도 다른 이들을 이처럼 부르신다.

예수님께서 부활하신 후 승천하시기 전에 그들에게 이런 명령을 주셨다. "너희는 가서 모든 족속으로 제자를 삼아..."하시고 이렇게 약속까지 해주셨다. "내가 세상 끝 날까지 너희와 항상 함께 있으리라" (마 28:19-20). 이것은 교회의 참된 소명과 기능이다.

온 세상에 온전한 복음을 전하며 순종하는 것은 모든 교회의 책임이자 특권이다.

오늘날 제자도는 교회와 소그룹 모임에서 대표적인 주제이다. 제자도에 관한 세미나가 여기저기에서 많이 열리고 있다. 이 주제가 중요하다는 사실은 의심할 여지가 없다. 그러나 많은 그리스도인들의 삶을 예수님이 보여 주셨고, 또 제자를 설명하실 때의 그 라이프 스타일에 비춰볼 때, 그 둘 사이에는 큰 차이가 있다.

제자도의 성경적 원칙을 통달하는 것도 하나의 일이지만 그러한 원칙들을 일상의 삶에서 실천하는 것도 큰 과제이기 때문이다.

제자(disciple)라는 말이 신약 성경에 269번 나오고, 그리스도인은 겨우 3번, 신자는 2번 나온다는 사실은 그냥 지나칠 수 있는 문제가 아니다. 이것은 분명히 교회의 임무가 "그리스도인"이나 "신자"를 만들어낸다기보다 "제자"를 만들어 내는 데에 있음을 가리킨다. 물론 제자는 신자여야 하지만, 그리스도의 제자도 조건(눅 14:25-33)에 따르면 모든 신자가 신약 성경에서 말하는 제자는 아니다.

제자란 말은 "배우는 자"라는 뜻이지만 예수님은 그 간단한 말에 심오한 뜻을 듬뿍 담으셨다. 예수님이나 바울의 표현처럼 그것은 "믿음에서 뿐 아니라 생활양식에서도 그리스도의 가르침을 받아들이는 학습자 또는 배우는 자"라는 뜻이다. 여기에는 그 가르치는 분의 관점이나 실행 사항 등을 받아들이는 것도 포함된다. 즉, 배운 것을 순종할 목적으로 배운다는 뜻이다. 그것은 의도적인 선택, 명확한 부정, 단호한 순종이다.

오늘날은 제자도에서 진보하는 흔적이 조금이라도 있으면 그리스도인이라 불린다. 초대 교회 당시에는 그렇지 않았다. 그 때 제자도는 베드로가 "우리가 주님을 따르기 위해서 모든 것을 버렸습니다!" (막 19:28)라고 외칠 만한 헌신을 수반했다.

우리 시대의 기질은 즉석 만족을 원하고 단기 헌신을 좋아하는 경향이 있다. 기도 응답도 속히 되기를 원하고 최소한의 노력과 귀찮은 일은 최대한 줄여서 빠른 결과를 보고 싶어한다. 그러나 즉석에서 이루어지고 행하기 쉬운 제자도란 없다. 제자도의 길을 걷기 시작하는 것은 순식간이지만 그렇게 내딛는 첫 걸음은 일평생의 걸음걸이로 늘어나야 한다. 단기 제자도란 있을 수 없다.

"간편한 신앙주의" 속에서 자라온 사람들에게 그리스도의 급진적인 요구는 불합리하거나 지나치게 보일지도 모른다. 그 결과 그들이 조금 어행히고 나면 길이 짐점 너 가빨라지고 울퉁불퉁해지는데, 그들은 요한복음 6장 66절에서 말한 제자들과 같다. "이러므로 제자 중에 많이 물러가고 다시 그와 함께 다니지 아니하더라." 뒤를 돌아보지 않는 사람들을 그분은 찾고 계신다.

이 책에서 필자는 제자도의 역학을 다루었다기보다는 제자의 라이프 스타일에 맞는 원칙을 강조하면서 그 표준을 다루기에 힘썼다. 이 영역에서 실패한 이들이 다시 걸어나갈 수 있도록 또한 격려가 될 것이다.

SPIRITUAL DISCIPLESHIP

1 | 이상적인 제자

축복은 그것으로 부터 샘솟는 결과에 있다.
고통은 기독교의 진정한 표시이다.

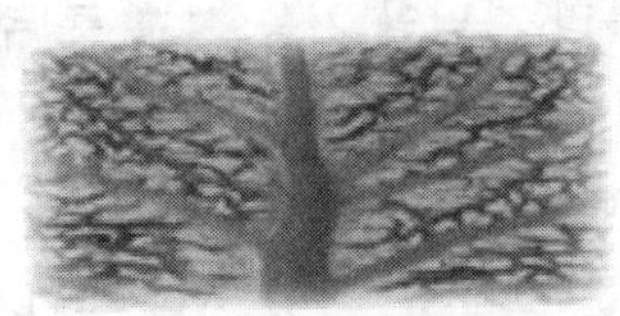

1

이상적인 제자

옛 언약을 담고 있는 구약 성경의 마지막 단어는 "저주"인데 반하여 새 언약에서 우리 주님의 처음 설교 중 주요 단어(첫 단어, 영어 성경에서 – 역주)가 "복"인 것은 우연이 아니다. "복"은 하나님 나라의 요지이다.

옛 언약의 율법에서는 그 요구 사항을 다 지키지 못한 이에게 저주만 선포될 뿐이었다. 그리스도의 보혈로 봉인된 새 언약은 율법의 요구 사항을 삭감하지 않으면서도 그것들을 충족시키기 위한 열정과 원동력을 부여한다. 옛 것에서 "너희는 ... 하라, 하지 말라"했던 것이 새 것에서는 "내가 하리라, 내가 하리라"가 되었다.

마태복음의 팔복에서(마 5:3-12) 예수님은 하나님 나라의 전형적인 당면 과제의 특징을 설정하셨다. 그것은 곧, 그것들을 말씀하시는 그분 자신과 그 삶에서 완성되어 드러나는 자질들이다. 그러한 덕목 하나 하나를 주님의 생활과 사역에 맞춰볼 때 아주 딱 들어맞는다.

예수님의 산상설교는 1차적으로 제자들에게 한 것이며, 무리가 듣는 중에도 말씀하셨다 (1절). "제자들이 나아온지라. 입을 열어 가르쳐 가라사대" 그러므로 이것은 제자들을 향한 메시지이다.

단순히 겉모습으로 드러난 것에 만족하게 되는 지식에서 눈을 돌려 훨씬 더 높고 더 많은 노력을 요하는 생활양식으로 관심을 쏟을 것을 말씀하신다. 그분이 정한 기준은 너무 높아서 산상 수훈에서 묘사한 삶을 살 수 있는 사람은 그분 외에 아무도 없다. 설교 전체가 혁명적이지만 이 구절들이 가장 그렇다. 사람들이 흔히 생각하는 복과 행복의 개념에 정면 도전하며 핵심을 꿰뚫는다.

많은 사람들은 돈이 많고 슬픔이나 고통이 없으며, 건강하고 좋은 직장이 있고, 욕구를 자유로이 만족시킬 수 있고 모든 사람들로부터 잘 대접받으면 그것이 참으로 복받은 것이라고 생각한다. 그러나 예수님은 그러한 개념을 완전히 뒤집어서 우리가 피해 가고 싶은 가난, 애통, 주림, 갈함, 거절, 핍박의 길들로 대치한다.

'복 있는(blessed)'이란 말은 "오, 복된 자여!" 또는 "부러움을 사고 축하를 받을"이란 뜻이 될 수 있다. 이것은 여덟 가지 생활 조건에 적용되는데 크게 두 가지로 나뉜다.

소극적인 개인적 특성 네 가지

그리스도는 네 가지 개인적인 복 있는 자의 특성부터 말씀하신다.

영적으로 불충분한 것

"심령이 가난한 자는 복이 있나니 천국이 저희 것임이요" (3절).

힘든 상태에서 괴롭게 살고 있는 사람들이 언뜻 이 말을 들으면 별로 공감이 가지 않을 것이다. 물론 여기서 주님이 말씀하시는 것은 주머니가 가난한 것이 아니라 심령이 가난한 것이다. 가난 자체는 덕이 아니다. 가난하다고 해서 그 자체로 축복인 것은 분명히 아니다.

헬라어에는 "가난한"이란 말은 두 가지가 있다. 하나는 여분의 것이 하나도 없는 것을 의미하고, 다른 하나는 전혀 없는 것, 즉 도산을 했거나 물자가 하나도 없는 것을 의미한다. 예수님이 말씀하신 것은 두 번째 의미이다. 교훈은 명확하다. 부러움을 살 만한 사람은 본인의 영적인 파산 상태를 감지하여 하나님께로 돌아와 그분의 한없는 풍성하심에 가까이 가는 자이다. 루터가 말했듯이 "우리는 모두 하나님께서 아낌없이 주신 것을 먹고 사는 거지들이다." 그러나 가난은 영적인 풍성함에 이르게 한다. "천국이 그들의 것이다."

영적 회오

"애통하는 자는 복이 있나니 저희가 위로를 받을 것임이요" (4절).

이것은 또 하나의 역설이다. 이 말은 이런 소리와 같다. "불행한 자는 얼마나 행복한가!" 이 특성은 팔복에서 첫 번째인 심령이 가난한 것의 산물이다. 죽음 앞에서의 애통함을 배제하는 것은 아니지만, 여기서 요는 그런 애통함이 아니다. '애통'이란 가장 깊은 슬픔을 나타내는 말이다. 그것은 죄와 실패에 대한 애통함이며 그리스도를 닮아 가는 우리의 성장이 둔한 것에 대한 애통함이다. 우리의 영적 도산에 대한 애통함인 것이다.

제자들이 저지를 수 있는 실수가 두 가지 있다. 하나는 그리스
도인이면 절대로 행복하거나 웃어서도 안 된다고 생각하는 것이
고 또 하나는 그리스도인이면 항상 행복하고 웃어야 한다고 생각
하는 것이다. 전도서에서 지혜자는 이렇게 말했다. "천하에 범사
가 기한이 있고…울 때가 있고 웃을 때가 있으며 슬퍼할 때가 있
고 춤출 때가 있으며" (전 3:1, 4). 슬픔을 겪지 않은 사람은 완전
한 성숙함을 얻을 수 없다. 살면서 실제로 죄를 짓는 문제가 아니
라 전적으로 자신의 영적인 열매가 너무 부족하고, 성장이 둔한
것을 애통하는 제자는 여지가 있다.

애통함과 복이 모순되지 않는 것은 예수님이 이렇게 말씀하셨
기 때문이다. "이제 우는 자는 복이 있나니 너희가 웃을 것임이
요" (눅 6:21). 축복은 애통함 자체에 있는 것이 아니라 하나님이
주시는 위로에 있는 것이다. "그들은 위로를 받을 것이다"

영적인 겸손

"온유한 자는 복이 있나니 저희가 땅을 기업으로 받을 것임이요" (5절).

겸손은 우리의 어둡고 안개 낀 세상에서 이국적인 꽃이다. 이
땅의 소산이 아니면 대개 사람들은 별로 귀하게 생각하지 않는다.

'온유한'이란 말은 친선 행위를 보이거나 단순히 기질적으로
온화하다는 것이 아니다. 아이들이 부르는 찬송에서 "온유하고
유순한, 친절한 예수님"이라는 가사로 그 참된 의미가 많이 약해
지기도 했다. 예수님은 온유했지만 유순한 것과는 거리가 멀었
다. 이 가사를 들으면 예수님이 약하고 무능한 것처럼 느껴진다.
사실 예수님은 약한 것과는 거리가 멀다.

그분 혼자서 채찍을 들고 양과 소, 그것들을 파는 장사치들을

성전 밖으로 내몰았을 때 그렇게 유순한 느낌이 드는가? 결단력이 없거나 비굴하거나 맹종적이지 않으셨다. 예수님을 사람들이 누구라고 하더냐는 질문을 제자들에게 하셨을 때 그들은 이렇게 대답했다. "어떤 이들은 엘리야라고도 하고 어떤 이들은 세례 요한이라고도 합니다." 그 둘은 성경에서 가장 강건한, 거칠고 억센 인물이다!

천국에서는 일곱 천사가 모세의 노래, 어린양의 노래를 부른다 (계 15:3). 이 땅에서 가장 온유한 자는 모세와 "나는 온유하고 마음이 겸손한 자라"고 하신 예수님이다. 둘 다 하나님과 관계된 문제일 때 거룩한 분노로 불타오를 수 있었다. 온유함은 기골이 없는 특성을 나타내는 것이 아니다.

이 덕목은 세상의 표준을 향해 도전한다. "너의 권리를 향해 당당히 서라" "세상을 취하여 네 것으로 만들라"고 하는 우리 시대의 외침을 보라. 예수님은 그와 반대로 세상을 내가 포기할 때 세상이 나의 것이라고 말씀하신다. 공격적이지 않고 온유한 자가 이 땅을 물려받는다. 온유한 자에게는 기업이 있다. 세상 사람들에게는 미래가 없다. "그러나 온유한 자들이 땅을 기업으로 받을 것이다."

영적 열망

"의에 주리고 목마른 자는 복이 있나니 저희가 배부를 것임이요" (6절).

여기서 말하는 것은 단순히 동경하며 맥없이 바라는 사람들에게 축복이 약속되었다는 뜻이 아니다. 행복뿐만 아니라 하나님과의 올바른 관계인 의를 좇는 열렬한 갈망이 있는 사람들을 위한 축복을 말하는 것이다. 참으로 복된 사람은 하나님이 주시는 축복뿐만 아니라 하나님 자신을 따르는 갈급함이 있는 이다. 다윗이 이런 고백을 했을 때의 그 열망함을 말한다. "하나님이여, 사슴이 시냇물을 찾기에 갈급함 같이 내 영혼이 주를 찾기에 갈급하나이다" (시 42:1).

행복이 거룩함의 부산물이라는 사실을 많은 사람들이 발견하고 기뻐했다. 그러므로 우리는 "거룩함을 좇아야 한다." 하나님은 그분의 자녀들이 가진 거룩한 열정을 간절히 채워주고 싶어 하신다. "그들은 배부를 것이다."

적극적인 사회적 특성 네 가지

이상적인 제자에게는 네 가지 적극적인 사회적 특성이 있게 된다.

인정 많은 마음

"긍휼히 여기는 자는 복이 있나니 저희가 긍휼히 여김을 받을 것임이요" (7절).

은혜를 베푼다는 것은 언제나 당찮은 것이다. 당연히 받을 만한 것이라면 그것은 은혜도 아니고 단지 공평(정당)한 것이다. 의에 대한 열정은 가지고 있으면서도 받을 만한 이가 아닌 사람에게 그럼에도 불구하고 베푸는 긍휼과 자비는 모자랄 수가 있다. 긍휼(mercy; 자비, 인정, 용서, 은총)은 상대방의 상황에 들어가서 그의 비참한 상태 혹은 문제에 대하여 동감할 수 있는 능력이다. 온유함과 마찬가지로 이것은 특징적인 그리스도의 은혜이다. 우리는 본래 긍휼보다는 비판을 좋아한다.

동정(pity)은 아무 소용이 없을 수 있다. 긍휼히 여긴다(become mercy)는 것은 단순한 감정을 넘어서서 인정을 베푸는 행위로까지 나아가야 한다. 긍휼이 죄를 속죄하지는 않지만, 적어도 그 황폐한 자취를 고쳐보려고 노력은 한다. 긍휼은 넘어진 자가 다시 시작하도록 세워준다.

우리는 살면서 자신의 태도와 의견이 마치 산울림과 같이 반향 되는 경험을 할 것이다. 물리학에서처럼 작용과 반작용은 동등하면서 정반대 쪽에 있다. 긍휼히 여기는 자는 긍휼히 여김을 받을 것이고, 긍휼히 여김을 받는 자는 긍휼히 여길 것이다. "그들은 긍휼히 여김을 받을 것이다."

청결한 마음

"마음이 청결한 자는 복이 있나니 저희가 하나님을 볼 것임이요" (8절).

마음이 청결하면 밝히 본다(명확한 비전). 여기서 강조하는 것은 외적으로 고결한 인격과 다른 내적인 맑음과 진실이다.

여기서는 하나님이 보여 주신다는 것(revelation)을 마음의 청결함이 없으면 허락되지 않는 엄청난 지력(智力)으로 그렸다. 그것은 희망하여 계획하는 지적인 구상 그 이상이다. 그것은 눈으로 보느냐의 문제가 아니라 오히려 마음 속에서 확신하는 영적 공감의 문제이다. 죄는 비전을 흐린다. 여기서 '청결(pure)'이란 말은 불순물이 없는 "순수함"과 위선이 없는 진실을 의미한다. "그들은 하나님을 볼 것이다."

회유하는 마음

"화평케 하는 자는 복이 있나니 저희가 하나님의 아들이라 일컬음을 받을 것임이요" (9절).

이 팔복에서 말하는 것은 '화평을 좋아하는 자'라든가 '평화를 지키는 자(peacekeeper)'가 아니라 "화평을 만드는 자"이다. 기존의 평화를 유지하는 자도 아니고, 평화가 깨어진 곳에 들어가 그것을 회복시키는 자이다. 이 복은 평화주의자가 아니라 화해자이다.

화평은 화평케 하는 자 자신이 희생해야만 이뤄질 수 있는 때가 참 많다. 우리 주님도 그러셨다. "그분은 자기 십자가의 피로 화평케 하셨다." 그분 자신의 화평을 깨뜨리심으로 그것을 이루셨다. 제자는 그분의 뒤를 따라야 한다. 평화를 사랑하는 자가 되는 것은 좋다. 하지만 평화를 만들어내는 자가 된다면 더욱 훌륭하다. "그들은 하나님의 아들이라 일컬음을 받을 것이다."

벗어나지 않는 충절

"의를 위하여 핍박을 받은 자는 복이 있나니 친국이 저희 깃임이라 나를 인하여 너희를 욕하고 핍박하고 거짓으로 너희를 거스려 모든 악한 말을 할 때에는 너희에게 복이 있나니 기뻐하고 즐거워하라 하늘에서 너희의 상이 큼이라" (10-11절).

구세주께서 받으신 것을 제자들도 받게 될 것이다. 그러나 모욕, 욕설, 상해, 핍박조차도 축복을 만들어낼 수 있다. 핍박 자체에서가 아니라 하나님의 보상으로 받는 것이다.

"핍박을 받은(have been persecuted)"에서 시제는 현재완료로서 '이미 핍박을 받은' 것이다. 축복은 그것으로부터 샘솟는 결과에 있다. 고통은 기독교의 진정한 표시이다. "의를 위하여 고난을 받으면 복 있는 자니"라고 베드로는 말했다 (벧전 3:14).

하지만 모든 핍박이 복된 것은 아니다. 가끔 기독교인들은 어리석고 크리스천답지 못한 행동으로 스스로 핍박을 불러들인다.

복을 낳는 핍박에는 세 가지 조건이 있다.

(1) 자신의 모난 부분, 광신, 요령 없음 등의 결과로서가 아니라 의를 위해서야 한다.

(2) 사람들이 내게 욕을 하는 것이 실제로 어떤 근거도 없어야 한다. 자신의 죄나 실패의 결과와 같은 것이어서는 안 된다.

(3) 그리스도를 위해서야 한다. 그리스도께 대한 꾸준한 충절에서 오는 고통이다.

"하늘에서 너희의 상이 큼이라"

□ **연구 질문**

1. 본인이 잘 배우는 사람이라고 인식한 때는 언제인가? 누가 가르칠 때 였는가? 친구, 부모, 선생님, 코치, 상사? 어떤 동기로 배우고자 했는가?

2. 팔복이 제자도를 정의하는 데 유용한 이유는?

3. 팔복 중 본인에게 가장 충격적인 것은?

□ **성경 탐구**

1. 성경은 참된 복을 어떻게 정의하고 있는가? 또 복에 대한 성경의 관점이 우리 삶과 어떻게 연관되어야 하는지를 다음의 성경 구절들을 통해 살펴본다면?

눅 6:21, 마 5:3-12, 벧전 3:1-4

그리스도 십자가의 하얀 쪽만 보며 당당하게 사는
사람은 십자가가 마치 새에게 달린 날개와 같은 짐
임을 알게 될 것이다.

2

제자도의 조건

누구든지 자기 십자가를 지고 나를 좇지 않는 자도
능히 나의 제자가 되지 못하리라. - 눅 14:27

예수님은 여느 때와 같이, 그분의 말을 한 마디도 놓치지 않으려 모여든 무리에 둘러싸여 있었다. 그분의 새로운 가르침에서 나오는 도전, 고결함, 지혜에 넋을 잃은 "허다한 무리가 함께 갈새" (눅 14:25) ... 당시, 예수님의 인기는 절정이었다.

그들의 열띤 관심을 이용할 특별한 기회가 주어진 것이다. 온 국민이 힘든 로마의 굴레를 벗겨 던져 줄 카리스마적인 지도자를 찾고 있었다. 그런데 여기 그 일을 하고도 남을 만한 적임자가 나타난 것이다. 이제 그분이 몇 가지 기적만 일으켜서 그들이 함께 뭉쳐 대봉기를 일으킬 수 있도록 지도자로만 서 주면 되었다.

예수님은 무리의 헌신을 얻어내기 위해 기적을 행하시고 유인

물을 제공하고, 혹은 그들을 즐겁게 하셨는가? 예수님은 마치 그들의 관심을 딴 데로 돌리고 자신을 따라오지 말라고 하시는 것 같았다. 제자도의 엄격한 조건을 가장 적나라하게 말씀하심으로써 좇아오는 사람 수를 적게 하셨다.

민감한 무리를 대하신 이러한 예수님의 태도는 오늘날 복음 전도자들의 경향과는 정반대이다. 은혜와 축복, 감격과 흥분, 제자가 되는 진기한 경험과 이점을 잔뜩 불어넣어 주는 것이 아니라 제자가 되면 부딪히게 될 어려움과 수반되는 희생을 더 많이 말씀하셨다. 예수님은 제자가 되는 대가를 아주 높이 두셨다. 십자가를 숨기는 법이 없으셨다.

로버트 브라우닝(Robert Browning; 19C 영국의 시인 - 역주)은 주님의 이러한 메시지를 다음 시에 담았다.

> 아, 기독교인이 된다는 것은 얼마나 어려운가!
> 당신에게도 내게도 참 힘겨운 이 길,
> 숭고한 이상까지의 본분을
> 단순히 현실화하는 작업 때문이 아니라,
> 그와 같이 완벽하고 온전한
> 인간 영혼의 목적을 이루기가
> 언제나 쉽지 않기 때문이라네.

각 시대마다 어떤 영역을 막론하고 유력한 지도자들은 사람들에게 수월한 선택권보다는 어려운 도전을 들이댔을 때 최고의 감응을 일으켰다. 자기 이익을 내세우면서 사람들에게 호소할 때 분명히 따라와야 할 사람이 따라오지 않는다.

세계 제2차 대전 초반에 고도로 기갑화한 독일 군대가 휩쓸고 있을 때 거의 무방비 상태였던 프랑스 레지스탕스는 무너졌다.

대영 제국만이 외국 땅에서 홀로 남아 그 "한심한 군대"로 독일이라는 거인과 맞서야 했다.

　필자는 당시 그 중대 시점에서 영국 수상 윈스턴 처칠이 연설한 내용을 잘 기억하고 있다. 무기는 턱없이 부족하고, 방어선은 무너져 가고, 당장 적은 쳐들어올 수 있는 국가가 놓인 험악한 상황을 있는 그대로 묘사했다. 그는 위로하는 달콤한 얘기를 하지 않았다. 오히려 난국을 대처하도록 온 국민에게 도전했다.

> 우리는 거리에서 그들과 싸울 것입니다.
> 우리는 해변가에서 그들과 싸울 것입니다.
> 저의 피와 땀과 눈물을 여러분께 모두 바칩니다.

　처칠의 이 연설은 국민을 우울하게 만든 것이 아니라 초인적인 힘으로 기운이 나게 하여 형세를 바꾸고 그 날 승리하게 되었다.

　예수님은 왜 그렇게 엄중한 단어로 위압하셨을까? 예수님이 그분의 제자가 될 조건을 완화했다면 무리가 계속 더 따라다녔겠지만 그것은 그분의 방법이 아니었다. 그분은 자질이 있는 사람들을 찾고 계셨다. 단순히 양에만 관심이 있지 않으셨다.

　제자가 될 수 있는 조건에 관하여 무리에게 말씀을 전하실 때, 예수님은 두 가지 비유를 드셨다.

> 너희 중에 누가 망대를 세우고자 할진대 자기의 가진 것이 준공하기까지에 족할는지 먼저 앉아 그 비용을 예산하지 아니하겠느냐.....또 어떤 임금이 다른 임금과 싸우러 갈 때에 먼저 앉아 일만으로 저 이만을 가지고 오는 자를 대적할 수 있을까 헤아리지 아니하겠느냐? (눅 14:28, 31)

　충동적이고 분별없는 제자도는 안 된다고 하는 것을 보여 주시려고 이러한 비유를 드셨다. 건축자와 같이 예수님도 건설 계획을 세우셨다. "내가 이 반석 위에 내 교회를 세우리니" (마 16:18). 전쟁을 앞둔 임금과 같이 예수님은 어두움의 권세와 마귀에 대항한 처절한 전쟁을 시작하신 것이다.

이 건축 사업과 전쟁에서 예수님은 자질 있는 사람들 즉, 제자들을 참여시키기 원하신다. 전쟁이 치열해질 때 돌아서지 않을 사람들 말이다. 우리는 이러한 제자인가?

예수님이 선포한 메시지는 제자로의 부르심이었다. 믿음뿐만이 아니라 믿음에 더한 순종이다. 예수님은 엄중한 경고를 하신다. "나더러 주여 주여 하는 자마다 천국에 다 들어갈 것이 아니요 다만 하늘에 계신 내 아버지의 뜻대로 행하는 자라야 들어가리라" (마 7:21). 순종은 우리의 회개와 믿음의 현실에 대한 증거이다. 순종이 구원을 이루지는 못하지만 구원의 증거이기는 하다.

오늘날은 회개하라는 설교가 많지 않다. 그러나 회개 없이는 부흥(regeneration)이 있을 수 없다. 많은 이들이 구원 초청에 응했고 결단 카드를 썼고 혹은 그리스도를 영접하는 기도를 했기 때문에, 믿으라는 권면을 받고 구원을 받는다. 그들의 삶에 계속적인 변화가 있건 없건 상관없이 말이다.

"구원받는 믿음은 단순히 (복음의) 사실을 이해하고 마음으로 묵인하는 것 이상이다. 그것은 회개, 순종, 따르고자 하는 초자연적 열망과 떨어질 수 없는 것이다. 구원받는 믿음의 성경적 개념에는 그 모든 요소들이 포함된다." 이 말은 되풀이해야 할 필요가 있다.

회심 경험이 피상적인 명목상의 그리스도인들은 십자가의 도와 그 내용이 암시하는 설교를 들으면 떨어져 나간다. 슬프지만 사실이다.

비할 데 없는 사랑

제자도의 첫 번째 조건은 그리스도를 가장 사랑하는 것이다. 제자의 애착 영역에서 그분은 어떤 라이벌도 인정하지 않을 것이다.

누가복음 14:25-33에서 세 번 반복되는 구절이 눈에 띈다. "나의 제자가 되지 못하리라." 이 구절들의 앞에는 모두 예외 없는 조건이 있다.

> 무릇 내게 오는 자가 자기 부모와 처자와 형제와 자매와 및 자기 목숨까지 미워하지 아니하면 능히 나의 제자가 되지 못하고 (26절).
>
> 아비나 어미를 나보다 더 사랑하는 자는 내게 합당치 아니하고 (마 10:37).

여기서 미워한다는 말을 썼기 때문에 오해할 만한 소지가 상당히 있다. 그리스도께서 이 말을 쓰신 것은 오늘날의 쓰임에서 함축하는 의미와는 아주 거리가 멀다. 금방 부모님을 사랑하고 공경하라고 했다가 다시 그들을 미워하라고 하시는 얘기가 아니다. 예수님은 과장된 대조법을 쓴 것이다. 여기서 미워한다는 말은 단순히 "덜 사랑한다"는 뜻이다. 그래서 그리스도를 향한 사랑이 이 세상에 대한 그 어떤 사랑보다 승하여, 그리스도를 따르는 자가 제자이다.

그러나 우리가 그리스도를 최고로 사랑한다고 해서 우리가 일가 친척들을 지금 사랑하는 것보다 덜 사랑하게 된다는 뜻이 아니다. 오히려 그 반대가 되어야 한다. 그리스도를 우리가 사모하는 최고의 자리에 둔다면 우리가 사랑할 수 있는 능력은 어마어마하게 커질 것이다. 로마서 5장 5절을 보면 그 의미가 더 명확하다. "하나님의 사랑이 우리 마음에 부은 바 됨이니."

가끔 이 시점에서 충성의 대상이 상충된다. 그러면 제자는 어떤 사랑이 승할는지 선택해야 한다.

중국 내륙 선교회(현재 OMF)가 중국에서 철수해야 했을 때, 활동을 옮긴 나라들 중의 하나가 태국이었다. 4백만 인구 중에 교회나 선교 관련 활동이 전혀 없는 상태였고 여러 지역에서 선교를 시작했다.

어떤 도시에서는 첫 번째로 회심한 사람이 시 무앙(Si Muang)이라는 여고생이었다. 그녀는 마치 햇볕을 향하여 꽃이 벌어지듯이 복음에 마음 문을 열었다. 열렬한 불교 신자였던 부모님께 그리스도에 대한 자신의 신앙을 고백해야 함을 곧 깨달았다. 있음직한 결과에 대해서 환영을 꿈꾸지 않았다.

누려움을 극복하고 그녀는 어머니께 자신의 신앙을 고백했다. 어머니는 펄쩍 뛰면서 그 새로운 종교를 부인하던가 아니면 집을 나가라고 했다. 어린 소녀가 직면하기에는 고통스러운 진퇴양난이었고 더군다나 그 마을에서는 그녀가 유일한 기독교인이었다. 거센 갈등이었다. 자신의 아버지, 어머니, 형제 자매들을 "미워하고" 그리스도께 비할 데 없는 사랑을 드릴 것인가? 그녀는 그렇게 했다. 그리고 집을 등졌다. 주님은 그녀를 버리지 않으셨다. 그리고 몇 개월 후에 다시 돌아올 수 있었다.

이러한 제자의 조건에서 또 다른 영역이 있었다. "자기 목숨까지도." 그리스도를 향한 제자의 사랑은 자기 사랑보다 뛰어나야 한다. 자기 자신의 고귀한 목숨조차도 붙들어서는 안 된다. 자기 사랑은 영혼을 파괴하지만 그리스도의 사랑은 영혼을 풍성하게 한다. 제자가 이 조건에 순응할 준비가 되어있지 않으면 말씀은 이렇게 단정하고 있다. "그는 나의 제자가 될 수 없다" (26절).

끊임없이 십자가를 지는 것

> "누구든지 자기 십자가를 지고 나를 좇지 않는 자도 능히 나의 제자가 되지 못하리라" (눅 14:27).
> "또 자기 십자가를 지고 나를 좇지 않는 자도 내게 합당치 아니하니라" (마 10:38).

예수님께서 십자가를 지라고 명령하신 것을 이해하자면 우리는 그 표현이 그 당시 사람들에게 무엇을 의미했을지 생각해야 한다.

예수님이 말씀하신 십자가는 어떤 것이었나? 위의 말씀은 예수님이 십자가에 달리시기 전에 하신 말씀이었다. 흔히들 사람들은 어떤 육체적인 질병, 어떤 기질상의 약점, 어떤 가족 문제를 자신의 십자가라고 한다. 어떤 여자는 자신의 나쁜 성질을 자신의 십자가라고 말한다.

"그것이 아니다!" "그것은 당신과 함께 살아야 하는 불행한 사람들의 십자가이다."

유대인들이 십자가를 생각할 때의 상황은 그런 것이 아니다. 그런 것은 인간의 공동 운명일 뿐이다. 십자가는 그들에게 너무 익숙한 장면이었다. 고통으로 괴로워하며 결국 죽음에 이르게 하는 도구였다.

예수님께 십자가는 어떤 의미였을까? 그것은 자원해서 진 것이지 강요당한 것이 아니었다. 희생과 고통이 수반되었다. 엄청난 손실을 요구하는 포기가 있어야 했다. 세상의 거부를 상징했다.

제자에게 항상 요구되는 것은 이러한 성질의 십자가를 지라는 것이다. 그분을 위해서 세상으로부터 인기를 잃는다거나 속해있

던 집단에서 추방을 당한다거나 하는 것도 기꺼이 받아들여야
한다. 우리는 단순히 자신의 삶을 세상의 기준에 맞춤으로써 십
자가 지기를 회피할 수 있다.

예상과 달리, 자신의 십자가를 지고 그리스도를 따르는 것은
쌔뮤얼 러더포드(Samuel Rutherford)가 말했듯이 기쁨 없는 길이
아니다. "그리스도 십자가의 하얀 쪽을 보고 당당하게 지는 사람
은, 십자가가 마치 새에게 달린 날개와 같은 짐임을 알게 될 것
이다."

제자가 이 조건을 기꺼이 이행하려 하지 않는다면 예수님은
이렇게 말씀하신다. "그는 내 제자가 되지 못하리라."

무조건 항복

"이와 같이 너희 중에 누구든지 자기의 모든 소유를 버리지 아니하면 능히
내 제자가 되지 못하리라" (눅 14:33).

첫 번째 조건은 마음의 사모함과 관련 있었고 두 번째 것은
생활의 행실, 세 번째 것은 개인적인 소유와 관련된다. 이 탐욕
스럽고 물질적인 시대에서는 세 가지 중에서 이 마지막 것이 아
마도 가장 싫을 것이다. 예수님이 '모든 소유'라고 했을 때 그 말
을 문자 그대로 하신 말씀일까?

주님이 정말 말씀하시는 바가 무엇일까? 필자는 이 말씀이, 가
진 모든 것을 팔아서 교회에 주라는 의미가 아니라, 우리 소유의
처분권을 말씀하고 계신 것이라 생각한다. 그분이 우리에게 소
유물을 주신 것은 우리가 소유하라고 주신 것이 아니라 관리하
라고 맡기셨을 뿐이다.

영생에 대해서 물으러 온 젊은이에게 예수님은 이렇게 물어

보셨다. "네가 온전하고자 할진대 가서 네 소유를 팔아 가난한 자들에게 주라 그리하면 하늘에서 보화가 네게 있으리라 그리고 와서 나를 좇으라" (마 19:21). 그는 그리스도와 그의 많은 소유물 중에 선택을 해야 했다. 그는 모든 것을 버리고자 하지 않았기 때문에 시험에 떨어졌다. 그는 자신이 그리스도의 제자가 되기에 부적합하다고 판정했다. 그리스도는 모든 이 세상의 소유물보다 앞서야 한다.

우리가 소유물을 가질 수 있는 방식이 두 가지 있다. 주먹에 꽉 움켜쥐고 "이것들은 내 마음대로 할 수 있는 내 꺼야"라고 하든가 아니면 손바닥 위에 올려놓고 "주님 감사합니다. 이것들을 빌려 주셔서. 저는 관리할 뿐이지 주인이 아닙니다. 다시 돌려받기를 원하신다면 말씀하세요. 내어놓겠습니다." 후자가 제자의 태도이다.

소유물에 대한 태도가 제자도의 현실에 대한 실마리이다. 돈에 대해서 자신을 생각할 때 우리의 태도는 다음 중 어디에 속하는가? "내 돈을 하나님께 얼마나 드릴까?"인가 아니면 "하나님의 돈을 얼마나 내가 관리할까?"인가?

이렇게 조건들이 엄격한 것을 보면 다음과 같이 물을 사람이 있을 것이다. "주님이 그것들을 제자의 조건으로 요구하셨나요?" 예수님께서 요구하신 것 중에 그분이 먼저 하지 않으신 것이 없다는 것이 그 답이다.

그분이 어머니, 형제 자매들, 자신의 목숨을 사랑한 것보다 하나님 아버지를 더 사랑하지 않으셨는가?

그분이 우리의 구원을 확보하기 위해 글자 그대로 고통스러운 십자가를 지고 달려 죽지 않으셨는가?

그분이 상속자로서 가진 모든 것을 포기하지 않으셨는가? 로마 병사들이 그분의 옷마저 노름에 쓰고 나서, 그분이 죽으셨을 때 개인 소유로는 아무것도 남지 않았다.

예수님, 모두 다 버리고 당신을 따르려
나는 내 십자가를 졌습니다.
가난했고, 멸시받고, 버림받은
당신은, 지금부터 나의 전부입니다.
당신은 날 위해 피를 흘리셨으니
나는 구세주이신 당신을 따르겠습니다.
온 세상이 당신을 버릴지라도
당신의 은혜로 나는 당신을 따르겠습니다.
H. F. 리테(Lyte)

□ **연구 질문**

　　1. 제자도에서 본인에게 가장 함정이 되는 부분은? 가족 사랑, 세상 사랑, 물질 사랑?

　　2. 제자에게 지속적인 말씀이 왜 그렇게 중요한가?

□ **성경 탐구**

　　1. 제자가 "자기 십자가"를 진다는 것은 어떤 의미가 있 다음 구절들은 "자기 십자가"에 대해 어떻게 말하는가?

　　마 7:21, 마 10:37-38, 눅 14:25-33

3

제자도의 증거

혐오와 호감은 똑같이 부적절한 것이다. 우리가 이웃을 사랑해야 하지만 그들이 좋거나 매력적이기 때문이 아니다. 우리의 사랑은 선택적이어서는 안 된다.

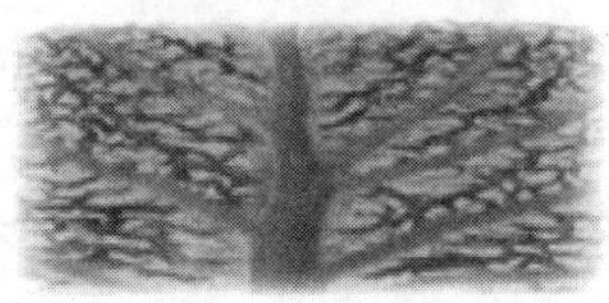

3

제자도의 증거

너희가 서로 사랑하면 이로써 모든 사람이
너희가 내 제자인 줄 알리라. - 요 13:35

예수님께서 제자들에게 가서 온 족속을 제자로 삼거나 또는 회심시키라고 명령하지 않았다는 것이 중요하다. 그분의 분명하고 명백한 명령은 이것이다. "하늘과 땅의 모든 권세를 내게 주셨으니 그러므로 너희는 가서 모든 족속으로 제자를 삼아..." (마 28:18-19)

제자는 단순히 "학습자"이다. 그 단어는 "노력이 수반되는 사고"를 뜻하는 어원에서 출발한다. 그래서 그리스도의 제자는 "신앙에서 뿐 아니라 라이프 스타일에서도, 주님의 가르침을 받아들이는 예수님의 학습자"로 정의할 수 있다.

그것은 가르치는 그분의 생각과 실천을 받아들이는 것과 그분의 명령에 순종하는 것을 수반한다.

J. 에드거 후버(Edgar Hoover)가 워싱턴의 FBI 국장이었을 때 청년 공산당원을 조사하면서 이렇게 말했다고 한다. "우리 공산주의자들은 자기 IQ가 얼마나 높은지 보여 주기 위해서 배우는 것이 아닙니다. 우리는 배운 것을 실천하려고 배웁니다." 이러한 태도가 참된 제자도의 본질이다.

공산당은 당원들에게 절대적인 헌신을 요구한다. 어떤 지도자는 이렇게 말했다. "공산주의에는 방관자란 없다." 레닌은 더 나아가서 어떠한 단서를 가진 사람은 당원으로 받아들이지 않겠다고 말했다. 그들 조직에는 적극적이고 훈련된 사람만이 당원으로 적합했다.

우리가 제자로 부르시는 그리스도의 부르심에 반응할 때, 그분의 학교에 늘어가서 그분의 지시 하에 있게 된다. 원래 "그리스도인"과 "제자"는 바꿔 쓸 수 있는 말이었으나 오늘날은 그렇게 쓸 수 없다. 그리스도인이라고 자처하는 많은 사람들이 그리스도께서 말씀하신 엄격한 제자의 조건에는 따르려고 하지 않기 때문이다.

예수님은 제자들에게 제자도의 길이 화려한 꽃길이라고 하지 않으셨다. 예수님은 사람들이 시종 변함없이 따르기를 원하셨다. 양보다는 질을 더 바라셨기 때문에 더 많은 회원들을 끌어들이려고 자격요건을 낮추지 않으셨다.

가르치는 사역에서 예수님은, 제자들이 그리스도를 섬기면 따라야 할 세 가지 근본 원칙을 선언하셨다.

지속 원칙

"그러므로 예수께서 자기를 믿은 유대인들에게 이르시되 '너희가 내 말에 거하면 참 내 제자가 되고 진리를 알지니 진리가 너희를 자유케 하리라'" (요 8:31-32).

이 말은 우리에게 제자도의 내적 관찰, 영구적인 주님 말씀의 지속성, 교사 대 학생의 태도를 보여 준다. 이것이 결여될 때, 제자도는 명목상이고 실재가 없어진다.

이 말씀에서 "내 말"이 중요한 것은? 어떤 의미에서 그것은 그분과 떼어서 생각할 수 없다. 왜냐하면 그분은 살아 계신 말씀이기 때문이다. 그러나 여기서 의미하는 바는 그분 가르침의 온전한 취지와 본질이다. 그분의 메시지를 전체적으로 나타내는 것이다. 맘에 드는 구절이나 특히 좋아하는 교리가 아니라 그분의 가르치신 모든 것을 말한다.

엠마오로 가는 두 제자와의 대화에서 예수님은 이 관계를 보여 주신다. "이에 모세와 및 모든 선지자의 글로 시작하여 모든 성경에 쓴바 자기에 관한 것을 자세히 설명하시니라" (눅 24:27).

그분의 말씀에 거하는 것은 매일 실천하며 생활의 규칙으로 삼는 것이다. 우리 제자도는 말씀을 받아들이는 것으로 시작된다. 말씀에 거하는 것은 실재의 증거이다.

콜럼바(Columba)는 A.D. 563년 스코틀랜드에 복음을 전하기 위해 자기 고향 아일랜드를 떠난 복음주의자였다. 그는 큰 어려움에 부닥치면 고향으로 돌아가고자 하는 유혹을 느낄 것을 알았다. 상륙했을 때 해변가의 둑에 타고 온 배를 묻었다. 이것은 주님의 "온 족속을 제자 삼아"라는 명령을 순종하겠다는 무언의 간증이었다. 그는 어떠한 단서도 달지 않은 제자가 되기로 헌신했다.

남부 캐롤라이나의 벤 립펜(Ben Lippen)에서 열린 수양회에서 어떤 젊은 여인이 자신의 소명에 관한 간증을 하고 있었다. 간증을 하면서 그녀는 하얀 종이 한 장을 들어 보이면서 거기에 자신의 인생을 향한 하나님의 계획이 있다고 했다. 그 종이에 써 있는 것이라고는 맨 아래 그녀의 서명뿐이었다. 그녀는 이렇게 고백했다. "저는 하나님의 뜻이 무엇인지 모르지만 받아들였습니다. 그리고 세부 사항은 그분께서 채우시도록 남겨 두겠습니다." 그녀는 참된 제자였고 안전한 땅에 서 있었다. 그렇게 따르려는 뜻이 있기에, 성령님은 그녀가 인생의 길을 따라 움직일 때 마음의 항로를 인도하실 수 있을 것이다.

어떤 이들은 충동적으로 그리스도를 따르기로 결정한다. 너무나 자주 일시적인 것으로 드러나는 감격의 파도에서 꼭대기에 올라갔을 때 결정을 내린다. 그렇게 원대한 의미를 가진 결정을 하기 전에 대가를 먼저 계산하는 것이 얼마나 중요한지 주님께서 강조하신 것은 그런 사람을 염두에 두고 하신 것이다. 충동적인 결정은 종종 지적인 헌신의 요소를 결여시킨다. 그 결과 좀더 그 의미하는 바가 분명해질 때, 대가가 너무 커서 "그리스도의 말씀에 계속 거하지" 못하는 것이다.

어떤 이들은 그리스도를 기꺼이 따르고자 한다 - 단기적으로 말이다. 그러나 신약에 단기 제자라는 것은 없다. 우리의 제자도가 훈련되는 곳은 단기적일 수 있으나 절대적인 헌신이 수반된다. 단기 제자는 자기 뒤에 있는 다리를 폭파하지 못하며 콜럼바가 그랬던 것처럼 자기가 타고 온 배를 묻어 버리지 못한다. 그는 돌아올 수 없는 지점까지 모험하지 못한다.

어떤 젊은이가 내게 이렇게 말했다. "아시아까지 여행을 가서 돌아보고 시도해 보려고 합니다. 할 만하면 선교사로 돌아올지도 모르고요." 그러나 그분의 지상 명령에서 주님은 메신저의 즐거움을 결정적인 요소로 삼지 않으셨다. 헌신을 이랬다 저랬다 하는 사람은 선교 부대에 도움이 안 될 것이다.

위대한 감리교도 설교가인 사무엘 체드윅(Samuel Chadwick)은 하나님의 주권을 인정하는 준엄한 말로 제자도의 의미를 설명했다. "우리는 하나님의 움직이심을 따라 움직인다. 전지(全知)는 회의를 열지 않는다. 무한한 권능은 타협의 여지를 남기지 않는다. 영원한 사랑은 구차한 설명을 늘어놓지 않는다. 주님은 믿음을 바라신다. 그분 뜻대로 우리를 막으신다. 인간의 합의는 물론, 가족의 끈까지도 무시되며, 사업할 권한도 따로 치워 둔다. 내게 지장이 없는지는 절대 묻지 않으신다.”

하나님은 그분이 의도하는 대로 할 수 있는 주권자이실 뿐 아니라, 사랑이신 아버지의 부성이 결코 그분의 주권자 되심과 상충되지 않을 것이다. 안심이 되는 말씀이 이사야서에 있다. “그러나 여호와여 주는 우리 아버지시니이다 우리는 진흙이요 주는 토기장이시니 우리는 다 주의 손으로 지으신 것이라” (사 64:8). 하나님은 아버지이시기에 그분의 주권이 결국 우리에게 가장 좋은 유익이 될 것 외에는 요구하지 않을 것을 보장한다 (히 12:10).

그리스도의 말씀에서 지속성은 저절로 되지 않는다. 그것은 강한 목적 의식과 자기 훈련의 결과이다. 시간을 필요로 한다. 성경을 읽을 뿐 아니라 묵상을 하는 것이다. 소가 새김질을 하듯이 마음에 되씹고 되씹는 것이다. 암송도 필요하다. 그분의 말씀을 내 가슴에 감추는 것이다. 더 나아가서 “신앙과 섞어” 두어야 할 것이다. 그렇지 않고서는 말씀을 읽어도 영적인 유익이 거의 없을 것이다. 히브리서 기자는 이렇게 말했다. “저희와 같이 우리도 복음 전함을 받은 자이나 그러나 그 들은바 말씀이 저희에게 유익 되지 못한 것은 듣는 자가 믿음을 화합지 아니함이라” (히 4:2).

골로새서 3:16-25와 에베소서 5:18-6:8 사이에는 인상적인 대비 및 중요한 관계성이 있다. 똑같은 결과가 주어지는데 그것은 성령으로 충만한 것이 (엡 5:18) 결국은 우리 안에 그리스도의 말씀으로 풍성히 거하게 하는 것으로 귀착된다 (골 3:16). 이들 둘이 시암의 쌍둥이라는 분명한 결론이 내려지지 않는가? 그리스도의

말씀이 우리 안에 풍성하게 거하도록 하는 한 성령 충만을 잃지
않을 것이다.

사랑 원칙

"새 계명을 너희에게 주노니 서로 사랑하라 내가 너희를 사랑한것 같이 너
희도 서로 사랑하라 너희가 서로 사랑하면 이로써 모든 사람이 너희가 내 제
자인 줄 알리라" (요 13:34-35).

위의 말씀은 제자도의 외적인 부분을 보여 주며 이웃과의 관
계와 관련된다.

경건했던 쌔뮤얼 러더포드(Samuel Rutherford)는 안식일을 준비
하면서 토요일 저녁마다 교리문답을 해 가면서 가족과 함께 보
냈다. 질문과 답이 식탁을 둘러싸고 오갔다.

어느 날 저녁도 그러는 중에 문에서 노크 소리가 들렸다. 공손
한 러더포드는 그 낯선 사람을 가족이 둘러앉아 있는 곳으로 불
러들였다. 그 사람이 대답할 순서가 되었을 때 질문은 "계명은
몇 개가 있는가?"였다.

"11개"

러더포드는 꽤 교육을 받은 것 같은 사람이 그렇게 무식한 것
에 놀라며 답을 가르쳐 줬다. 그러나 그 사람은 예수님의 말씀을
인용해서 대답하면서 자신의 답이 옳다고 했다. "새 계명을 너희
에게 주노니 서로 사랑하라" (요 13:34).

러더포드는 그 날 밤 그 사람을 후히 대접했다. 다음 날인 주
일 아침 교회로 들어서는데 저쪽 뒤에서 기도하는 소리가 들렸
는데 바로 어제 그 사람의 목소리였다. 그것은 놀랄 만한 기도여
서 그 사람이 끝날 때까지 목사는 기다렸다.

"당신은 누구십니까?"하고 물었다.

"저는 아일랜드 대주교, 대감독 어셔(Ussher)입니다" 라고 대답했다.

"대감독님의 신앙심에 대해서 너무 많이 들었습니다. 제 인생에도 참 많은 교훈이 되었습니다."

그들이 이야기를 나눌 때 주님께 대한 헌신으로 두 사람의 마음은 충만했다. 대감독이 설교에 초대되었고 그 주제가 뭐였는지는 독자 여러분도 짐작을 할 것이다. "새 계명을 너희에게 주노니."

이제까지 보았듯이, 그리스도의 제자는 그분의 가르침을 연구할 뿐 아니라 그분의 계명을 지키는 자이다. 그 예로 그 명령을 하시면서 덧붙여서 하신 말씀이 있다. "내가 너희를 사랑한것 같이 너희도 서로 사랑하라" (요 13:34).

혐오와 호감은 똑같이 부적절한 것이다. 우리는 이웃을 사랑해야 하지만 그들이 좋거나 매력적이기 때문이 아니다. 우리의 사랑은 선택적이어서는 안 된다. 가족 또는 사회적인 연이 있어서 혹은 가까이 사는 이웃이기 때문이 아니라 단순히 우리는 다른 사람들과 그리스도의 사랑을 나눌 의무가 있기 때문이다.

예수님은 그분의 사랑을 어떻게 표현하셨는가? 우리는 그와 같은 방식으로 표현해야 한다.

그분의 사랑은 이기적이지 않은 사랑이었다. 가장 숭고한 인간의 사랑에서조차도 대개는 어떤 자기 유익의 요소가 있다. 우리는 부분적으로 우리가 받는 것 때문에, 그것이 가져다 주는 행복 때문에 사랑한다. 우리 주님의 사랑은 전적으로 자신의 유익에는 무관심하며 비이기적이다.

그것은 용서하는 사랑이다. 해를 당한 사람만이 용서할 수가 있다. 그가 의심을 받거나, 부인을 당하거나, 배반당하거나, 버림을 당해도 주님의 사랑은 꺼지지 않았다. "내가 너희를 사랑한것 같이" 예수님께서 베드로에게 일곱 번이 아니라 일곱 번의 일흔 곱이라도 용서하라고 하셨을 때 그 말씀은 연약한 제자들을 향한 그분의 사랑의 정도를 설명하시는 것이었다.

그것은 희생적인 사랑이다. 이 땅의 삶에서 예수님은 아낌없이 자신을 주셨다.

혈루증 여인이 많은 무리 속에서 예수님의 옷자락을 만졌을 때 "예수께서 그 능력이 자기에게서 나간 줄을 곧 스스로 아시고" (막 5:30) 용서하셨다. 그분의 섬김은 언제나 자신을 내어 주는 대가가 있었다. 그분의 희생에는 제한이 없었다. 어떠한 보답도 바라지 않고 주는 가장 고귀한 사랑이다.

제자의 최고 징표이지 믿을 민한 배지는 서로에 대한 신성한 사랑이다. 사람들이 그리스도인의 삶에서 그것이 예증된 것을 볼 때 이런 소리를 들을 것이다. "이들이야말로 참된 그리스도의 제자들이다. 그들의 서로에 대한 따뜻한 사랑에서 그것을 알 수 있다." 우리는 설교하고 기도하며 주고 희생하기까지도 한다. 그러나 이 사랑 없이 우리는 아무것도 얻지 못하며 영적으로 변변치 않은 사람일 뿐이다(고전 13:2).

어떤 작가는 예수님께서 가르치신 교훈이 일류 학자들만을 위한 것이 아니라는 말을 했다. 유치원에 다니는 아이들에게도 똑같이 적용이 된다는 것이다. 처음에 이 사랑은 교사이신 그분과 학생인 우리 사이에 개인적으로 자라나겠지만 곧 공개적인 제자의 표징이 되어야 한다.

열매원칙

"너희가 내 안에 거하고 내 말이 너희 안에 거하면 무엇이든지 원하는 대

로 구하라. 그리하면 이루리라. 너희가 과실을 많이 맺으면 내 아버지께서 영
광을 받으실 것이요 너희가 내 제자가 되리라" (요 15:7-8).

이 본문은 제자도를 위쪽에서 본 것을 나타낸다. 그리스도의
열매 없는 제자란 불가능하다. 진정한 열매가 없다면 참된 제자
라고 할 수 없다.

주님께서 말씀하시는 "열매"란 무엇일까? 먼저 열매는 하나님
과 그분의 영광을 위한 것이며 부차적으로 인간을 위한 것이다.
그것은 두 가지 영역에서 나타난다.

인격에서의 열매 – 내적인 삶

"오직 성령의 열매는 사랑과 희락과 화평과 오래 참음과 자비와 양선과 충
성과 온유와 절제니" (갈 5:22-23).

성령께서 우리 삶에 일하시는 열매는 아홉 가지 아름다운 기
품으로 나타난다. 나무는 그 열매로 알 수 있다. 제자는 내적 인
격에서 그리스도를 얼마나 닮았는지를 알 수 있다. 바울이 애써
수고한 것은 바로 이 때문이다. "오직 너희에게 유익하도록 과실
이 번성하기를 구함이라" (빌 4:17).

섬김에서의 열매 – 외면상의 사역

"너희가 넉 달이 지나야 추수할 때가 이르겠다 하지 아니하느냐 내가 너희
에게 이르노니 눈을 들어 밭을 보라 희어져 추수하게 되었도다 거두는 자가
이미 삯도 받고 영생에 이르는 열매를 모으나니 이는 뿌리는 자와 거두는 자
가 함께 즐거워하게 하려 함이니라" (요 4:35-36).

열매는 영혼이 그리스도께 전적으로 드려져서 제자로 훈련받
고 영적인 성숙함에 이를 때 맺힌다.

　제자의 확실한 표시인 열매를 맺는 것은 자동으로 되는 것이 아니라 조건에 의한 것이다. 예수님은 다음 말씀에서 그것을 분명히 하셨다. "내가 진실로 진실로 너희에게 이르노니 한 알의 밀알이 땅에 떨어져 죽지 아니하면 한 알 그대로 있고 죽으면 많은 열매를 맺느니라" (요 12:24). 그분은 이와 같이 열매 맺기를 십자가와 연결하신다. 그리고 이 원칙을 자신의 죽음으로 보이지 않으셨는가? 하나의 밀알이 갈보리 땅에 떨어져 죽었으나 오순절날 300개의 밀알을 내셨고 그 이래로 죽 열매를 맺고 있다.

　위 요한복음 12장 말씀에는 "죽지 아니하면"과 "죽으면"이 중심 구절이다. 우리 손에 "많은 열매"의 영광스러운 가능성이 있다. "제자가 그 선생 같고 종이 그 상전 같으면 족하도다" (마 10:25). 십지기를 우리 삶에 적용시켜서 성령님께서 우리 삶에 열매를 풍성히 맺으시도록 자신에게 사로잡힌 삶에 죽을 때이다.

□ **연구 질문**

1. "열매 없는 제자"란 말은 왜 말이 안 되는가?

2. 제자를 자신의 말로 쓰시오. 무엇이 제자도인가?

3. 제자로서 자신의 부족한 점은 어떤 부분인가?

4. 더 훌륭한 제자가 되기를 자극하는 것은 무엇인가?

□ **성경 탐구**

1. 참된 제자도는 왜 증거를 요구하는가? 다음의 성경 구절에
선 참된 제자의 특징들을 어떻게 묘사하는가?

고전 13:2, 갈 5:22-23, 요 12:24, 요 13:34-35, 요 15:7-8

4 | 제자도의 시험

선교 임무를 시작하기도 전에 많은 이들은 퇴직금과
휴일, 일하는 시간에 대한 불필요한 관심을 보인다.
제자도는 전 시간을, 전 인생을 드리는 일이다.

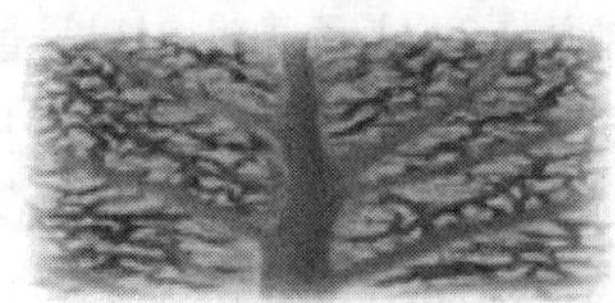

4

제자도의 시험

주여 내가 주를 좇겠나이다마는... -눅 9:61

우리 주님께서 예루살렘을 향해 길을 가고 계실 때 그분을 따르는 데 수반되는 것을 제자들이 볼 수 있도록 도전하실 기회가 있었다 (눅 9:57-62). 예수님은 세 종류의 사람들을 말씀하시는데 모두가 그분의 주권과 명령 권한을 인정하는 이들이었다. 모두가 섬김을 지원했으나 입후보 처음에 각자가 주님의 제자로서의 실재에 대한 엄격한 테스트에 부딪힌다.

첫 번째 지원자에게 예수님은 제자도를, 밭을 가는 모습과 똑같은 조금도 비뚤어져서는 안 되는 일직선 고랑으로 나타내신다. 쟁기를 잡은 행위로써 모든 사람이 그리스도의 제자가 되지만, 똑바른 고랑을 내지 못하도록 그를 비뚤어지게 하는 많은 영향력들이 있다. 이들 세 사람이 이 본문에 나온다.

충동적인 지원자

"어디로 가시든지 저는 좇으리이다" (눅 9:57).

감격의 격발로 그는 자원해서 무조건적으로 주님을 섬기겠다고 했다. 그의 신실성은 예수님이 묻지 않았다. 그는 예수님이 어디를 가시든지 좇을 준비가 된 지원자였다. 분명히 예수님은 이 열렬한 영혼을 그분께로 따뜻이 맞이하셨을 것이다.

그러나 예수님은 사람들 속에 무엇이 있는지 아셨다. 요한은 그분의 통찰력에 대해서 이렇게 깜짝 놀랄 만한 얘기를 했다. "또 친히 사람의 속에 있는 것을 아시므로" (요 2:25). 주님은 이 지원자가 진심이기는 했으나 심길 준비가 아직 되지 않았음을 아셨다.

주님에게 있어서 이 사람은 "뜻밖에 구한 진귀한 것"이나 다름없었다. 마태복음에 보면 그는 서기관이었기 때문이다 (8:19). 그러나 예수님은 그가 너무 급했음을 아셨다. 그의 열정은 시험이 닥쳐오면 사라지기 쉬울 것을 아셨다.

그 사람은 틀림없이 그 새로운 선생이 두 팔을 벌려 환영해 줄 것으로 기대했을 테지만 주님의 모호하고 신중한 반응에 놀랐을 것이다. 예수님은 이 사람의 반응과 베드로의 확신에 찬 말에 유사성을 보셨다. "다 주를 버릴찌라도 나는 언제든지 버리지 않겠나이다" (마 26:33).

넘치는 일시적 감정을 억압할 필요는 없지만 예수님은 수반될 대가를 계산하지 않고 말한 것을 아셨다. 그의 섬기겠다고 하는 것을 거절하지 않으셨지만 현실에 눈을 뜨게 해 줄 신비한 말씀을 하셨다. "여우도 굴이 있고 공중의 새도 집이 있으되 인자는 머리 둘 곳이 없도다 하시고" (눅 9:58).

요컨대 예수님은 그에게 이렇게 물으신 것이다. "너의 열정이 너를 어디로 이끄는지 아느냐?" 예수님은 제자가 되려고 하는 자들에게 항상 분명하게 정직하셨다. 왜냐하면 그들의 헌신이 이성적이기를 원하셨기 때문이다. 예수님께서는 그의 동기를 엄밀히 조사하시는 것과 같이 우리에게도 그렇게 하신다. "서두르지 마라. 너는 기꺼이 희생하겠느냐? 여우나 새도 자기 집이 있는데 너는 집도 없을 거다. 나를 위해서 그렇게 힘들게 살 준비가 되어 있느냐?"

릴레(Ryle) 감독은 제자들을 모을 때, 그들이 손에 쥐는 것이 무엇인지 알리지 않는 것보다 많은 퇴보를 일으키는 것은 없다고 정확히 지적했다. 그것을 그리스도의 책임으로 돌릴 수 없다.

그것은 가난의 시험이었다. 감격에 사로잡힌 자는 현실주의자가 되어야 한다.

현세의 전쟁에서 만큼이나 영적 전쟁에서도 사상자가 있는 것은 당연하지만, 군사를 전쟁터에 보내면서 어떤 대가를 치러야 하는지 먼저 알리지 않고 내보낸다는 것은 옳지 않다. 바로 예수님께서 그 작업을 하고 계신 것이다.

복지 국가 시대인 요즘에는 "갑자기 날아오는 화살"에 대비하여 안전을 요구하는 소리가 높아지고 있으며 모든 섬김의 후보생이 이 특권 없이 지낼 준비가 된 것은 아니다. 선교 임무를 시작하기도 전에 많은 이들은 퇴직금과 휴일과 일하는 시간에 대한 불건전한 관심을 보인다. 제자도는 모든 시간을 드리는 일이며 전 인생을 드리는 일이다.

필자는 최근 이러한 도전의 말이 담긴 편지 한 장을 받았다.

우리 현대는 너무나 경험 지향적이고, 거룩함과 건전한 사고보다는 행복과 따뜻한 감정에 너무나 몰입해서, 어떤 크리스천의 믿음은 역사에 남을 십자가 메시지보다는 환경에서 평화를 추구하는 불교도들에 더 가깝습니다.

우리 시대의 끊임없는 경제적인 변화에서, 물질적인 것에는 안심하고 보장할 만한 것이 없음을 고통스럽게 배우고 있다. 물질은 하룻밤 새 떠내려갈 수 있다. 주님은 그분 자신 외에는 어떠한 안전도 주지 않으신다. 그러나 그것으로 충분하지 않은가? 갈대아 우르라는 문명 세계의 안전함을 버리고 떠났던 아브라함과 같이 우리도 해 보자. "갈 바를 알지 못하고 나갔으며" (히 11:8). 그러나 그가 알지 못하는 길을 가야 했지만 "그는 하나님께서 설계하시고 지으신 기초 위의 도시를 기대하고 있었다" (히 11:10). 그는 물질의 학정과 관계를 끊었다.

참으로 충성된 제자도에는 따르는 대가가 있다. 그러나 또한 풍족한 보상이 보장되기도 한다. 하나님보다 우리가 더 많은 것을 그분께 드릴 수는 없다. 우리는 물질적으로 손해를 볼지라도 지금의 기쁨과 만족함에 비추어 볼 때 그리고 영원한 축복으로 볼 때 전혀 그렇지 않다.

마지못해 하는 지원자

"나로 먼저 가서 내 부친을 장사하게 허락하옵소서" (눅 9:59).

두 번째 지원자는 지원병이 아니다. 그는 주님의 "나를 좇으라"를 부르심에 반응은 했지만 단서를 달고 있다. 그의 말이 진짜 의미하는 바는 이렇다. "먼저 저희 집 일부터 처리하겠습니다." 앞의 첫 번째 사람이 너무 성급했다면 이 사람은 너무 더디다. 그에게 있어서 제자가 되는 것은 가장 중요한 일이 아니었다.

마태는 두 번째 사람이 부르심을 받았을 때 이미 그가 예수님을 따르는 자였음을 시사한다 (8:21). 그러므로 그는 꾸물거리면서 다른 것들을 그리스도께 대한 헌신보다 앞에 두고 있음이 자명하다. 그는 사실 "내가 주님을 따르겠노라"고 말했으나 "제 형편이 되면"이라는 용인할 수 없는 단서를 덧붙인다. 그리스도께 대한 그의 헌신은 되는대로 하는 것이지 극히 중대한 것이 아니었다. 그는 자기 뒤에 있는 다리를 불태울 만한 과단성 있는 조치를 취할 준비가 되어 있지 않다. 그러나 주님의 숨은 대답은 반드시 그렇게 하라는 도전이었다.

처음에는 우리 주님의 대답이 다소 가혹하고 무정한 것 같다. 사람이 자기 아버지의 장례식에 참석하는 것이 지당하지 않은가? 팔레스타인 지역에서는 장남이 부모님의 장례 의식을 치르도록 되어 있다. 그렇게 하지 않으면 불효 막심하다고들 할 것이다. 그러나 이 기사에는 또 다른 면이 있다.

유명한 해설가 조지 스미스(George Adam Smith)경은 성지를 방문하는 동안, 같이 여행하는 사람이 바로 그와 똑같은 표현을 쓰는 것을 보았다. 물어 보니 말 그대로 장례식이 있는 게 아니었다. 그것은 일상에서 흔히 쓰는 표현으로서 그의 아버지는 살아계셨지만 "제 가족 일에 참여하게 해 달라"는 뜻이었다. 동방을 여행하던 또 다른 이의 경험에 의하면, 기차 안에서 어떤 사람이 자기 아버지가 바로 옆에 앉아있는데 그와 똑같은 표현을 쓰더라는 것이다!

주님은 이렇게 대답하셨다. "죽은 자들로 자기의 죽은 자들을 장사하게 하고 너는 가서 하나님의 나라를 전파하라" (눅 9:60). 이 말씀은 사람이 하나님의 유익을 먼저 생각하면 가족의 유익에 해가 미치지 않을 것을 암시한다. 어떤 경우에라도, 설령 진짜 장례식이 있다 해도, 주님의 제자도를 분담하지 않는 다른 친척이 틀림없이 있을 것이고 하나님 나라의 유익에 관심이 없는 사람이 장례 준비에 참여할 것이다. 참된 제자가 되려면 다른 모든 이해 관계는 부차적인 것이다. 제자는(그래서 우리는) 이해 관계의 충돌이 있는 곳에 그리스도가 불화를 일으킬 수 있다는 것을 알아야 한다.

하나님은 가족 관계나 책임에 무관심하지 않다. 그분은 한 입으로 다른 소리를 하며, 한 편으로는 가족들을 극진히 돌보고 사랑하라고 하면서 돌아서서는 반대되는 태도를 보이는 분이 아니다. 그러나 가족의 끈조차도 그분의 요구사항보다 앞서서는 안 된다.

누가복음 14장에서 제자의 조건을 설정하면서 예수님은 그 문제를 더욱 명확히 하셨다. "무릇 내게 오는 자가 자기 부모와 처자와 형제와 자매와 및 자기 목숨까지 미워하지 아니하면 능히 나의 제자가 되지 못하고" (26절). 그리스도를 비할 데 없는 최우선의 사랑이자 순종할 분으로 모실 때, 예수님은 놀라운 보상을 약속하셨다. 아무도 실패자가 되지 않을 것이다.

이것은 크리스천의 섬김, 특히 선교의 영역에서 학구적인 문제를 넘어서서 그 이상의 문제가 될 수 있다. 하나님께서 제자들을 부르실 때 어떤 이들은 집을 떠나 먼 곳에서 하나님 나라를 전파해야 할 수도 있다. 나이든 부모와 남은 친척들은 어떻게 하란 말인가?

절대적인 필요가 있으면서 받아들여질 만한 다른 대안이 없는 한, 상황이 바뀔 때까지 집에 머무르는 것이 바른 길일 것이다. 그렇지 않다면 가족간의 정에도 불구하고 헌신한 제자의 길은 분명하다. "가서 하나님의 나라를 전파하라" (9:60). 냉담하거나 영적이지 않은 친척들과 친구들은 가만히 있지 않을 수도 있으나 우리가 먼저 충성해야 할 분은 우리 주님이다.

수많은 가정이 파괴되고 불안정한 오늘날, 강한 가족의 연대를 유지하는 것에 대한 중요성을 강조하는 좋은 일들이 많은 교회에서 있다. 그러나 이 좋은 일마저도 조화를 깨뜨릴 수 있다.

필자는 최근, 부모들이 자녀들과 충분한 시간을 보내는 중요성을 강조한 건전한 세미나에 참석한 사람과 얘기를 나누었다. 그러나 그는 비성경적인 극단으로 치우치고 있었다. "저는 제 시간을 전부 가족에게 바칠 것입니다. 주중에는 가족과 함께 보낼 수 있도록 어떤 교회 모임도 가지 않고 교회에서는 어떤 일도 맡지 않을 것입니다." 그런 사람에게 주님은 그 주저하는 징집병에게 하셨던 비슷한 답을 주실 것이다.

첫 번째 제자도의 시험이 가난이었다면 두 번째는 절박한 때의 시험이다.

반만 드리는 지원자

> "내가 주를 좇겠나이다마는 나로 먼저 내 가족을 작별케 허락하소서" (눅 9:61).

첫 번째 지원자가 너무 빨랐다면 두 번째는 너무 느렸고 세 번째는 너무 휘기 쉬웠다. 그의 제한적인 헌신에는 "그러나"가 있고 먼저 두 사람과 같이 불길한 "나 먼저"라는 어감이 또 있다. 주님께서 가장 엄숙하고 심중을 찌르는 말씀을 이 사람에게 하신다. "손에 쟁기를 잡고 뒤를 돌아보는 자는 하나님의 나라에 합당치 아니하니라" (62절).

그리스도의 대답에서 이 사람의 문제점을 발견할 수 있다. 그의 마음은 자신의 주인이 아닌 자기 집에 가 있었다. 예수님은 그가 돌아보고 나서 돌아가게 될 것을 곧 아셨다. 온전한 제자의 길에서 우리를 빗나가게 하는 것이 그렇게 많다. 많은 사람들은 이 사람과 같이 제한적인 헌신은 기꺼이 하려고 한다. 그러나 항상 그 다음에 "그러나"를 붙인다.

훌륭하고 재능 있는 두 젊은이가 1차 선교 사역을 완수했다. 그들은 전도가 유망했다. 그들에 대한 소망이 컸다. 그들이 휴가를 떠났을 때 내 친구가 이렇게 말했다. "우리 저 사람들 다시 볼 것 같지 않네." 나는 그런 조짐은 전혀 발견하지 못했기 때문에 전혀 그럴 리가 없다고 우겼다. 친구에게 왜 그런 생각을 하느냐고 물으니까 이렇게 대답했다. "짐을 한 번도 안 풀었어." 나보다 훨씬 깊은 통찰력으로 그들의 마음이 집을 끊어버리지 못한 것을 알아차렸다. 그들은 다시 돌아오지 않았다.

이 세상과의 관계를 먼저 생각하는 사람은 제일 빗나가기가 쉽다. 세 번째 제자는 뒤에서 당기는 이 세상의 관계에 굴하고 있었다. 우리의 교활한 적은 인간의 타고난 감정을 다루는 데 아주 능숙하다. 주님께서 사용한 시제를 보면 한 번 뒤돌아보는 것을 말씀하신 것이 아니라 계속적인 습관을 말한다. "계속 뒤를 돌아보는 것"이다. 우리 중 누가 뒤에서 당기는 끈을 느끼지 못한단 말인가?

엘리사가 소명에 대한 반응으로 엘리야를 따르는 장면을 보면 앞에서 본 지원병의 태도와는 큰 대조를 이룬다.

> 엘리야가 거기서 떠나 사밧의 아들 엘리사를 만나니 저가 열두 겨리 소를 앞세우고 밭을 가는데 자기는 열 둘째 겨리와 함께 있더라 엘리야가 그리로 건너가서 겉옷을 그의 위에 던졌더니 저가 소를 버리고 엘리야에게로 달려가서 이르되 청컨대 나로 내 부모와 입맞추게 하소서 그리한 후에 내가 당신을 따르리이다 엘리야가 저에게 이르되 돌아가라 내가 네게 어떻게 행하였느냐 하니라 엘리사가 저를 떠나 돌아가서 소 한 겨리를 취하여 잡고 소의 기구를

불살라 그 고기를 삶아 백성에게 주어 먹게 하고 일어나 가서 엘리야를 좇으며 수종 들었더라 (왕상 19:19-21).

문자 그대로 그는 자기 뒤에 있는 다리를 태웠다. 주님이 우리를 부르시는 것은 그렇게 온전한 헌신이다. 그런데 우리는 초기의 제자들과 같이 이렇게 말하는 경향이 있다. "이것은 이해하기 어려운 말이다."

이 지원병이 제안하는 것은 봉사 시기를 늦추자는 것이었다. "저는 기꺼이 가고자 합니다"라고 말하는 사람은 많이 있다. 그러나 그들은 가지 않는다. 뒤에서 당기는 것이 너무 세다. 비전을 공유하지 못하는 이와의 커 가는 감정, 물질적 소유의 유혹과 야망, 자기 부인의 고된 길보다는 안락과 은혜(indulgence)의 더 쉬운 길…이 모든 것들과 다른 많은 이유들이 뒤를 돌아보도록 부추긴다.

갈등은 괴로울 수 있다. 필자는 영국 캠브리지 대학에서 어떤 학생과 이런 얘기를 나누었다. 그 학생은 선교 사역에 대한 하나님의 부르심을 들었으나 어려운 선택에 부딪혔다. 2000명의 직원이 있는 회사를 소유한 그의 아버지는 그가 회사에 들어와서 얼마 후 그것을 경영해 주기를 원했다. 그가 하나님의 부르심에 반응하지 못하게 할 만한 것들이었다. 그 청년이 그 문제로 고민하면서 고귀한 결정을 내린 것을 지켜볼 때 참 감동적이었다.

예수님은 가장 알아듣기 쉬운 말로 이렇게 말씀하셨다. "손에 쟁기를 잡고 뒤를 돌아보는 자는 하나님의 나라에 합당치 아니하니라."

□ **연구 질문**

1. 자금이 바닥난 경영난에 부딪혔을 때를 생각해 보자. 재정 부족의 원인은 무엇이었겠는가?

2. 충동적인 지원자, 마지못해 하는 지원자, 반만 드리는 지원자 중 본인은 어느 쪽에 더 가까운가?

3. 본인에게 있어서, 제자가 되는 것을 저해하며 "뒤에서 당기는" 끈은 어떤 것이 있는가?

□ **성경 탐구**

1. 참된 제자가 되기 위한 시험에는 어떤 것들이 있나? 다음의 성경 구절은 제자가 시험을 이길 수 있는 조건으로 무엇을 말하고 있는가?

눅 9:59-62, 눅 14:26, 왕상 19:19-21

5 제자의 주인

마음속에서 우러난 순종은 우리 삶에 있는 그리스도의 주권에 대한 참되고 명백한 표증이다. 행동이 고백보다 훨씬 더 크게 말한다.

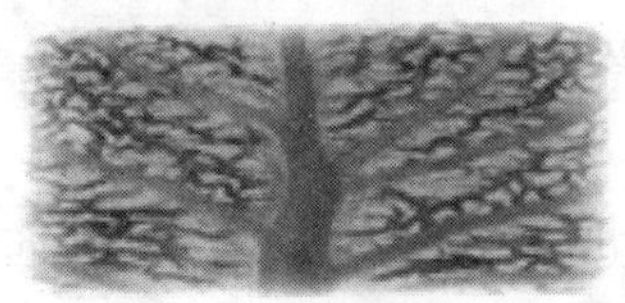

5

제자의 주인

만유의 주되신 예수 그리스도로 말미암아. - 행 10:36

권위의 문제는 오늘날 더욱 거센 논쟁을 일으키고 있다. 가족, 교회, 학교, 사회 등 모든 영역에서 그렇다. 기존의 권위에 대항한 이 혁명은 범죄와 폭력의 끊임없는 돌발로 법률 시행을 비참하게 무너뜨리고 있다.

어떤 중심 권위가 없는 사회는 혼란과 무질서로 붕괴될 것이다. 제대로 기능 하려면 모든 배에는 선장이 있어야 하고 모든 왕국에는 왕이 있어야 하며 모든 집에는 가장이 있어야 한다.

일반적으로 이것이 사회에서 사실이라면 번연(J. Bunyan)이 말했던 인간영혼(Mansoul)의 왕국, 즉 개개인의 삶에서도 마찬가지다. 생각해 볼 중요한 질문은 "그 최종 권위는 누구의 손에 있는가?"이다. 크리스천에게 있어서는 두 가지 길밖에 없다. 그 영혼의 주인의 손 아니면 내 손에 있는 것이다. 성경은 그것을 누가

쥐어야 하는지 분명히 밝히고 있다. "만유의 주되신 예수 그리스
도"

주권 구원(Lordship Salvation)

최근 복음주의 집단에서 "주권 구원(Lordship Salvation)"이라는
거슬리는 논쟁이 대두되었다. 이 말은 사람이 구원을 받기 위해
서는 그리스도를 구세주로서 믿어야 하고 그분의 권위에 복종해
야 한다는 견해에 적용되었다. 다른 쪽 일부에서는 구원받지 않
은 사람이 예수 그리스도를 구세주와 주님으로 영접하도록 초청
하는 것이 복음의 오용이라고까지 말하면서 거기다가 다음과 같
은 구원에 대한 성경적 가르침까지 덧붙인다. "구원을 받기 위해
서는 복음 메시지만 믿으면 된다"고 토마스 컨스터블(Thomas L.
Constable)은 말한다.

어느 쪽도 주님에 대한 사랑은 의심할 여지가 없는 믿음이 깊
은 사람들이고, 각 견해는 오늘날 복음의 순수성을 보존하여 제
시하려고 애를 쓴다. 그러므로 상호 존중이 있어야 하지만 양측
모두 옳다고 할 수는 없다.

필자의 견해로는 그리스도의 구세주 되심과 그분의 주권을 나
눈다는 것은 불완전한 가르침이라고 본다. 구원은 단순히 어떤
교리적 사실을 믿는 것이 아니다. 그것은 우주의 주이시고 우리
죄를 대속하신 그 하나님을 의지하고(trust) 받아들이는(embrace)
것이다.

어떤 사람에게 그 사람 생애에 대한 그분의 주권은 고의로 거
부하면서 그리스도에 대한 구원의 믿음은 발휘할 수 있다고 하
는 제안은 터무니없는 말이다. 구원에서 우리는 그리스도를 그
분의 개별적인 관직으로 받아들이는 것이 아니다. 굳이 말하자

면 "그분을 구세주로는 받아들이겠으나 주권 문제는 나중에 생각하고 싶습니다. 그 때 가서 제가 그분의 뜻에 따를 것인지 결정하겠어요"하는 얘기나 한가지인데 성경에서는 그렇게 말하지 않는다.

그렇게 말하기는 했지만 그리스도를 참으로 믿은 많은 사람들이 부적절한 가르침으로 인해 그리스도의 주권 문제에 직면해 본 적이 한 번도 없으니 그들은 그것을 일부러 거절한 것이 아니라는 것을 인정할 것이다.

거듭났다는 사실의 증거는 그리스도의 요구를 깨닫자마자 그분의 통치에 순종한다는 것이다.

그리스도의 부르심은 단순히 그분을 믿는 것이 아니라 그분의 제자가 되는 것이고 거기에는 "결단하는 것"이나 어떤 교리적 사실을 믿는 것 이상을 수반한다. 제자는 자신이 배우는 것을 순종하려는 목적으로 그리스도를 배우는 사람이다. 예수님은 제자들에게 온 족속으로 가서 신자들을 만들라고 하지 않으셨다. 제자를 삼으라고 하셨다. 믿음 없이는 구원이 있을 수 없음에도 불구하고 신자와 제자는 동의어가 아니다(마 28:20).

베드로가 고넬료의 집에서 처음으로 이방인들에게 설교를 했을 때 "만유의 주되신 예수 그리스도"라고 했다. 그러나 베드로는 그분의 주권을 항상 인식하고 따르지 않았었다. 그들을 방문하기 전에 본 환상에서 하늘에서 보자기가 내려왔는데 그 안에는 온갖 동물, 파충류, 새들이 있었고 "베드로야, 일어나 잡아 먹으라"는 소리가 들렸다.

"주여, 그럴 수 없나이다! 속되고 깨끗지 아니한 물건을 내가 언제든지 먹지 아니하였습니다"라고 베드로는 대답했다 (행 10:13-14). 그는 주님께 반대하여 자신의 의견을 내세우고 당연한 꾸중을 들었다. 그리스도가 자기 인생의 주인이라면 그는 그렇게 대답할 수 없었다. 그렇게 대답한다면 주님의 주권에 대한 부정이었다.

우리도 가끔 베드로처럼 행동하지 않는가? 성령님께서 우리에게 기도하라고, 전도하라고, 주라고, 누구와의 죄를 깨뜨리라고, 선교나 다른 봉사에의 부르심에 응답하라고 부추기실 때, 우리는 사실상 이렇게 말하지 않는가? "주여, 그럴 수 없나이다."

예수님께서 큰 무리에게 말씀하실 때 이렇게 도전하면서 마치셨다. "너희는 나를 불러 주여 주여 하면서도 어찌하여 나의 말하는 것을 행치 아니하느냐" (눅 6:46). 그리스도의 주권을 인정한다면 "그는 주우우우, 그는 주우우우 그는 주"하는 합창이 다가 아니다.

마하트마 간디(Mahatma Mohandas Ghandi)는 애국자이자 신비가였다. 그는 예수님을 한 인간으로서는 진정으로 존경했으나 이렇게 말한 적이 있다. "나는 그리스도를 유일한 왕으로 용인할 수 없다. 왜냐하면 나는 신이 반복해서 성육신 했다고 믿기 때문이다." 그는 부처, 모하메드, 공자, 조로아스터 등을 예수와 똑같이 인정했을 뿐 유일한 단 하나의 신으로는 받아들이지 않았다. 그러나 주님께서 요구하시고 또 당연한 것은 후자이다.

"여호와 우리 하나님이시여 주 외에 다른 주들이 우리를 관할하였사오나…"라고 이사야는 말했다 (26:13). "주 대신에(instead of you)"가 아니라 "주 외에(besides you 주님 말고도)"라고 한 것을 보라. 이스라엘은 전적으로 여호와를 거부하기를 원하지는 않았지만 다른 신들에게까지도 충절을 바쳤다. 그러나 하나님은 어떤 적수도 허용하지 않을 것이며 일편단심이 아닌 충성은 원하시지 않는다. 정상적인 아내라면 자기 남편의 사랑을 다른 여자와 나누고 싶어하지 않을 것이다. 그런데 이스라엘은 그러했다.

"다른 신들"이란 여러 가지 형태를 띤다. 어떤 이들에게는 그것이 사업일 수 있고 어떤 이들에게는 운동, 또는 돈, 혹은 다른 이들에게는 그리스도로 인해 맡게 되는 일종의 직업이 될 수도 있다. 이들 "다른 신들"이 그 자체는 합법적일지라도 우리의 시간과 애정 면에서 지나친 자리를 차지하여 진짜 주님을 결국 내쫓을 수 있다는 데 위험이 있다.

이상적으로는, 그리스도를 인생의 주인이자 왕으로 모시는 일은 개종 시기에 일어나야 한다. 우리가 잃어버린 영혼을 찾아 복음을 제시할 때, 주님께서 제자가 되는 대가를 숨기지 않으셨던 것처럼 해야 한다. 그리스도는 이 점에 있어서 정확하게 공개하고 솔직했다. 유감스럽게도 항상 그렇게 되지 않은 것이다.

바울이 개종한 즉시 예수님에 대해서 자신이 어떤 태도를 취해야 하는지 알았던 것을 보면 놀랍다. 그가 "주여 뉘시니이까?"라고 묻자마자 예수가 참으로 하나님의 아들임을 알고는 두 번째 질문으로 "주여 무엇을 하리이까?"라고 물었다 (행 22:10). 이것은 주님께 대한 분명하고 명백한 순종이었다. 그 뒤로 계속 그의 삶을 보면 그는 헌신을 하다가 한눈을 판 적이 없다. 신약 시대에는 그리스도를 주로 고백하는 것이 그 당시 사회 생활에서 돌이킬 수 없는 변화를 의미했다. 주 예수 그리스도께서 전 교회와 온 교인의 일상 생활에서의 모든 부분에까지 절대적이고 최종적인 권위를 쥐고 있음을 우리 시대에 강조하고 명확히 말해 두어야 한다.

우리의 적, 마귀를 보면 제자들이 그리스도를 좇지 못하도록 항상 유혹하려 한다. 헌신을 했다가 그만두는 제자들이 있는 것도 당연하다. 그리스도의 가르침이 자신의 세상적이고 육적인 소용에 거스를 때 그들은 인생의 고삐를 다시 자기 손에 쥔다.

그러나 그리스도는 쪼개진 왕국을 다스리지 않으실 것이다. 자신의 삶에 그리스도께서 정말 왕으로 임재하신 적이 있었다면 이렇게 질문하는 것이 좋을 것이다. "그리스도가 내 인생의 일상 생활에서 아직도 왕인가?" 감사한 것은 충절을 그만두었을지라도 그 죄를 고백하고 돌이킴으로 우리는 그 대관식을 새롭게 할 수 있고 그분은 은혜로 왕위를 다시 취하실 것이다.

그리스도의 주권이란?

"너희 마음에 그리스도를 주로 삼아 거룩하게 하고" (벧전 3:15).

동사는 명령형으로서 명확한 행동 의지를 요청하며 우리는 그러한 태도로 그리스도의 발 앞에 온전히 자복하고 나가는 것이다. 바울은 이것이 그분께서 죽으시고 부활하신 목적이라고 했다. "이를 위하여 그리스도께서 죽었다가 다시 살으셨으니 곧 죽은 자와 산 자의 주가 되려 하심이니라" (롬 14:9).

나폴레옹 시대의 전쟁 중에 넬슨(Nelson) 경은 프랑스 해군을 격파했다. 패배한 해군 대장은 넬슨의 뱃전에 그의 기함(flagship)을 가져와서는 항복을 하려고 승선했다. 그는 옆구리에 흔들거리는 칼을 차고 미소를 지으며 넬슨에게 다가왔다. 그는 승자에게 악수를 청했다.

넬슨은 그의 태도에 무반응으로 이렇게 조용히 말하기만 했다. "칼을 먼저 내려놓으시지요, 장군." 칼을 내려놓는 것은 항복한다는 명백한 표시였다.

그래서 바울과 같이 우리는 우리의 불순종과 자기 의지의 칼을 내려놓아야 한다. 이제부터는 그분의 뜻이 우리 삶의 법칙이 될 것이다. 끊임없이 우리는 "당신의 뜻이 하늘에서 이루어진 것 같이 내 안에서도 이루어 질 것입니다"라는 마음가짐을 취해야 할 것이다. 항복이란 우리의 권리를 완전히 넘긴다는 의미이다.

이것이 불안스러울 것 같지만 수백만의 경험자들은 그것이 상상할 수 없는 축복의 길임을 증명했다.

그분의 소유권 인식

"만유의 주되신 그리스도…" (행 10:36).

여기서 주(Lord)라는 말은 그분의 모든 소유물을 관리하는 소유자의 개념이다. 우리가 그 사실을 실제 문제로서 인식하지 않으면, 그리스도께서 우리를 다스린다는 말은 순전히 말뿐이다. 그분이 우리를 창조하셨기에 우리는 그분의 것이며, 그분이 값을 치르시고 우리를 사셨기에 우리는 그분의 것이다. 이제 우리는 자기 항복에 의해 그분의 것이다. 우리가 갖고 있는 모든 것은 소유주로서가 아니라 맡은 자로서 갖고 있는 것이다. 그러나 그분의 선물은 즐길 수 있는 것이다. 하나님은 "우리에게 모든 것을 후히 주사 누리게 하시는"분이다 (딤전 6:17).

영국 허더스필드(Huddersfield)의 램즈덴(Ramsden)경의 이야기는 이 진리를 재미있게 설명해 준다. 필자는 허더스필드 출신의 어떤 노인에게 그 이야기의 진위 여부를 확인해 보았다. 그 노인은 어렸을 때 퀘이커 교도의 메시지를 들으러 열심히 쫓아가서는 오렌지와 동전 한 푼을 받아 오곤 했었다.

램즈덴 경이 꽤 젊은시절, 허더스필드가 요크서(Yorkshire)에

살면서 그 곳이 큰 산업 중심지가 될 것을 알았다. 머지않아 땅 값이 크게 오를 것이 분명했다. 그래서 그는 조용히 집들과 땅을 사들이기 시작했고 몇 년 후에 온 마을을 차지하게 되었다. 딱 한 집만 빼놓고 말이다. 그것은 한 퀘이커 신사가 소유하고 있던 작은 집과 정원이었다.

집을 팔라고 온갖 제의를 다 했으나 소용 없자 램즈덴 경은 어떻게 좀 할 수 있을까 하여 그 퀘이커 교도를 몸소 찾아갔다. 이 영작과 퀘이커 교도 간에 예우의 인사가 오간 뒤 램즈덴 경은 이렇게 말했다. "제가 방문한 목적을 아시리라 생각합니다만."

"네. 그렇습니다." 퀘이커 교도는 대답했다. "제 이 작은 집하고 정원만 빼놓고는 허더스필드를 전부 사셨다는 말씀을 들었습니다. 이 집도 팔리고 영작님의 관리가 와서 한참이나 얘기하고 갔습니다. 하지만 저는 팔고 싶지 않습니다. 이 집은 제게 잘 맞도록 편하게 지어 놓은 것입니다. 정원도 역시 제 기호에 딱 맞도록 설계했구요. 제가 팔 이유가 어디 있겠습니까?"

램즈덴 경은 이렇게 말했다. "제가 아주 후하게 제안할 생각이 있는데, 만약 파시겠다면, 이 집과 정원의 땅 1인치마다 1파운드 금화를 드리겠소 만…" 영작은 그렇게 제안하면 틀림없을 것이라 생각하고 물었다. "파시겠소?"

"싫습니다." 퀘이커 교도는 장난기 어린 눈빛으로 대답했다. "그렇게 안달하시는데…" 더 이상 물어볼 것도 없었다. 화가 치민 영작은 일어나서 가버렸다. 그가 떠날 때 퀘이커 교도는 이렇게 한 마디 덧붙였다. "잊지 마십쇼, 영작님. 허더스필드는 영작님과 제 소유입니다."

그 퀘이커 교도는 아주 작은 땅을 소유했지만 영작이 소유한 그 마을의 나머지 땅 전부를 걸어서 자기 집까지 다닐 수 있었다.

그리스도의 소유권 주장이 부분적으로만 인식되는 삶에서도 비슷한 상황이 일어난다. 사탄은 그분께 이렇게 말할 수 있다. "그는 기독교 사역자이지만 나도 그의 삶을 통제하니 그 제자는 당신과 내게 다 속해있단 말이요!" 그리스도께서 실제로 주인이 아닌 곳에서의 삶은 이해 갈등의 전쟁터가 되고 만다.

주저하지 않는 순종

> "너희는 나를 불러 주여 주여 하면서도 어찌하여 나의 말하는 것을 행치 아니하느냐?" (눅 6:46)

마음 속에서 우러난 순종은 우리 삶에 있는 그리스도의 주권 사실에 대한 참되고 명백한 증거이다. 불순종은 우리가 충성하겠다고 하는 모든 고백의 가치를 떨어뜨린다. 행동이 고백보다 훨씬 더 크게 말한다. 시험은 내가 무슨 말을 하느냐가 아니고 어떻게 하느냐이다.

하나님의 마음을 드러내 주는 갈보리가 없었다면 우리는 하나님의 통치권을 두려워하고 그분의 요구가 압제적이라고 생각할지도 모른다. 갈보리 사건은 모두를 위해 단번에 그 두려움을 잠잠케 했다.

독일의 어떤 마을에서 오르간 연주자였던 사람이 하루는 교회 오르간에서 맨델스존의 작품을 연습하고 있었다.

그는 그 곡을 썩 잘 하지 못했는데 한 낯선 사람이 교회 안으로 몰래 들어와서는 캄캄한 뒤쪽에 앉았다. 이 사람은 그 연주를 들으면서 어디서 틀리는지 알았다. 연주자가 연습을 마치고 떠나려고 하자 그 낯선 이는 그에게 다가가서 대담하게 이렇게 물었다. "선생님, 제가 조금만 연주해도 되겠습니까?"

그 사람은 퉁명스럽게 대답했다. "무슨 소리요! 나 말고는 그 오르간 아무도 못 건드려요."

"제게 그런 특권을 주신다면 정말 기쁘겠습니다."

다시 그 사람은 거칠게 거절했다. 세 번째로 간청을 하자 들어 줬으나 거의 마지못해서였다.

그 낯선 이는 앉아서 음전을 잡아당기고 바로 아까 그 악기로 연주를 시작했다. 그런데 아니 이렇게 다를 수가! 같은 곡을 연주했는데 그렇게 다를 수가 없었다. 온 교회가 천상의 음악으로 가득 찬 것 같았다.

오르간 연주자는 물었다. "저, 어떻게 되시는지요?"

겸손하게 그 낯선 이는 대답했다. "제 이름은 맨델스존이라고 합니다."

"네? 제가 이런 실수를..." 그는 온 몸이 달아올랐다.

그리스도께서 지배하실 때 우리 삶의 어떤 부분도 뒤로 빼지 말자.

어떤 분은 이렇게 생각할지도 모르겠다. '내 인생에서 그리스도의 주권을 나는 인정하고 그분의 주권 아래에서 살고 싶어. 하지만 내 의지는 너무 약해서 중요한 순간에 나를 실망시킨단 말이야. 그분의 주권 인정을 어떻게 유지할 수 있을까? 어떻게 하면 그분을 내 인생의 보좌에 모실 수 있을까?'

바울이 다음과 같이 썼을 때 그는 이러한 딜레마를 예상했다. "또 성령으로 아니하고는 누구든지 예수를 주시라(계속 고백하는 것) 할 수 없느니라" (고전 12:3).

성령님은 제자가 그리스도를 자기 삶의 보좌에 계속 모시게 할 수 있도록 보내심을 받았으며 또한 그렇게 하기를 기뻐하신다. 그분은 우리의 마음을 세상에서 떼어 우리 애정을 그리스도께로 붙일 것이다. 그분은 우리의 약한 의지를 강하게 하셔서 하나님의 뜻을 행하도록 하실 것이다.

□ **연구 질문**

1. 성령님을 통해서 주어진 재원을 어떻게 더 잘 이용할 수 있는가?

2. 예수님은 좀 더 전심으로 따르기 위해 이번 주에 할 수 있는 가장 중요한 단계는 무엇인가?

□ **성경 탐구**

1. 그리스도가 인생의 주인이 된다는 것은 어떤 의미가 있는가? 성경은 이것에 대해 어떻게 말하는가?

고전 12:3, 눅 6:46, 롬 14:9, 마 28:20, 벧전 3:15, 요 3:13

6 제자의 선배

성령님은 일상 생활에서 우리와 파트너가 되기를 즐겨 하신다. 자본은 양측의 파트너가 부담해야 한다. 우리가 파트너인 성령님과 나눈 것은 무엇인가?

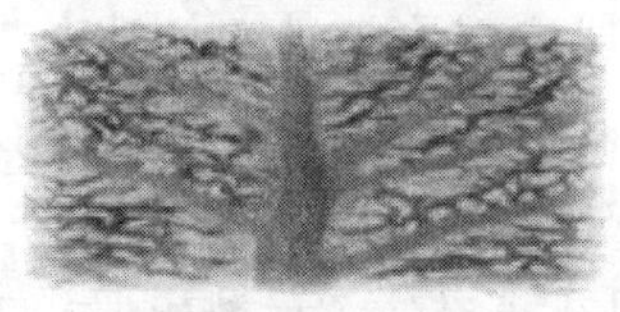

6

<h2>제자의 선배</h2>

예수 그리스도의 은혜와 하나님의 사랑과 성령의 교통하심이
너희 무리와 함께 있을지어다. ─고후 13:13

사업가들은 사업을 잘 운영하다가도 가끔 자금 부족으로 개발할 때 애를 먹는다. 그래서 신문에 광고를 낸다. "사람 구함. 자본 대실 분으로 개발 중에 있는 유망한 사업 동업하실 분."

그리스도인의 삶을 사는 사업은 살아야 하는 그 이상이 너무나 고원(高原)하고 우리가 혼자서 감당하기에는 그 요구 사항이 너무나 가혹하다. 우리에게는 성공을 위해 적절한 자본을 대 줄 동업자가 절실히 필요하다.

성경의 어떤 구절을 보면 우리의 영적 자본이 부족함을 직시하도록 한다. 성경은 분명히 남의 도움을 받지 않고도 인간 본성이 감당할 수 있는 요구를 한다. 다음 구절과 같은 것은 격려가 되기는커녕, 우리가 스스로의 지난 과거를 돌아볼 때 오히려 질

리게 될 수 있다.

> "그러므로 하늘에 계신 너희 아버지의 온전하심과 같이 너희도 온전하라" (마 5:48).
> "기록하였으되 내가 거룩하니 너희도 거룩할지어다 하셨느니라" (벧전 1:16).
> "범사에 우리 주 예수 그리스도의 이름으로 항상 아버지 하나님께 감사하며" (엡 5:20).
> "아무 것도 염려하지 말고" (빌 4:6).
> "쉬지 말고 기도하라" (살전 5:17).

참으로 불가능한 기준이 아닐 수 없다! 보통 사람이 어떻게 그렇게 높은 영적 고지에 다다르기를 바랄 수 있겠는가? "바울이라면 그런 높은 수준이 되겠지만 저는 바울이 아닙니다!"

그러나 하나님은 우리에게 불가능한 요구를 하시고 실패 책임을 우리에게 지우시는 그런 불합리한 분이 아니다. 우리가 영적으로 부족할수록 우리가 끌어쓸 수 있는 충분한 영적 재원을 지닌 동업자를 더욱 필요로 한다.

어느 곳에서나 마찬가지로 여기서, 우리의 풍성하신 하나님은 우리의 필요를 아시고 성령 하나님의 움직이심을 통해서 채워 주신다. 그 공급하심은 우리가 자주 듣는 축도에 들어 있다. "성령의 교통하심(fellowship)이 너희 무리와 함께 있을지어다" (고후 13:13).

헬라어로 "교통하심(fellowship)"이라 함은 기독교에서 최근 흔히 사용하여 익숙해진 단어 '코이노이아(koinonia)'를 말한다. 이것은 "파트너십(공동 협력), 성령님께로부터 나온 참여"의 의미로 규정한다.

이것은 그 본문을 곡해하지 않고도 삼위일체 중 제3위이신 성령께서 비밀스럽지만 제자의 증인된 삶 가운데 동행하시며 파트너(동료, 협력자)가 기꺼이 되기를 원하신다는 사실을 분명히 제시한다.

신약 성경에서는 '코이노니아'가 다섯 번이나 "파트너"로 번역되었다. 그것은 고기잡이의 파트너십에 이용했다. "이에 다른 배에 있는 동무(partners)를 손짓하여 와서 도와달라 하니…" (눅 5:7), 따라서 "성령 하나님의 파트너십"은 본문에 의거하며 어원적으로도 뒷받침되는 개념이다.

파트너의 인격되심

지금 독자 여러분은 대부분 성령님이 인격이시라는 교리를 믿을 것이다. 그분은 우리가 어떤 목적을 위해 이용할 수 있는 단순한 힘이나 영향력이 아니라 인격이신 하나님이다. 우리는 그 교리를 믿지만 일상 생활에서 그처럼 그분을 항상 인식하며 예배드리는가? 그분을 잊어버리거나 무의식적으로 무시하기가 너무 쉽지만 그럼에도 불구하고 그분은 모든 생활 면에서 실제이시다.

예수님께서 곧 떠나실 것과 이어서 제자들에게 성령(the Comforter)께서 오실 것을 말씀하실 때, 우리 마음을 살피라고 요청하시는 의미심장한 말씀을 하신다. "너희가 나를 알았더면 내 아버지도 알았으리로다" (요 14:7). 그리고는 이렇게 덧붙이셨다.

너희가 나를 사랑하면 나의 계명을 지키리라 내가 아버지께 구하겠으니 그가 또 다른 보혜사를 너희에게 주사 영원토록 너희와 함께 있게 하시리니 저는 진리의 영이라 세상은 능히 저를 받지 못하나니 이는 저를 보지도 못하고 이 본문에서 예수님은 우리가 그분을 아는 것과, 아버지를 아는 것과, 성령 하나님을 아는 것을 말씀하신다. 우리에게 아버지가 있기 때문에 신격 중 하나님 아버지는 익숙하다 (일부 아버지는 아버지답지 못할 수 있지만). 그러나 우리는 하나님을 완벽한 아버지로 생각할 수 있다. 우리는 하나님을 우리 아버지로서 안다.

이와 비슷하게 우리가 예수님의 개념을 하나님의 아들로 형성하는 것도 어렵지 않다. 그분은 이 땅에 오셔서 자신을 사람의 아들(인자)로서 밝히시고 우리익 인성과 완벽히게 동일해지셨으며, 심지어 우리의 죄 없는 연약함까지도 같아지셨다. 우리는 예수님이 우리의 구세주이자 주님이신 것을 안다.

그러나 성령님을 하나님 아버지와 아들과 함께 동일한 사랑과 경외를 받으실 인격이신 하나님으로서, 우리가 그분을 알고 있는 똑같은 규정으로 말할 수 있는가? 우리는 일상 생활에서 그분의 인격적인 도우심과 힘주시는 것을 누리는가 아니면 그분은 단지 신비로워서 우리가 명확한 개념을 가질 수 없는 환상의 모습인가?

덧붙여 말하건대, "또 한 분의 보혜사(another Counselor)"나 성령(Comforter)이란 단어의 중요성을 고려하면 도움이 된다. 헬라어에는 "another"를 뜻하는 단어는 두 개가 있다. 하나는 "다른 종류의 또 하나"이고 다른 하나는 "바로 그것과 똑같은 종류로 또 하나"를 의미한다. 여기서 예수님께서 사용하신 것은 후자이다. 예수님은 보내실 성령님이 인격으로서 그분의 대리인(Representative)이시며 자신과 똑같은 분이라고 제자들에게 확실히 말씀하고 있다. 이 대리인도 똑같이 사랑이시고 온유하시며 돌보시는 분이기 때문에 예수님 자신이 떠나셔도 제자들에게 유익하리라고 한 것이다 (요 16:7). 이래도 그분의 진짜 인격을 가리는 경향의 자취를 없애지 못하겠는가? 그분은 조금도 틀림없이 예수님과 같으시다.

그분은 일상 생활에서 우리와 파트너가 되기를 즐겨 하시므로, 우리는 마땅히 그분을 더 잘 알아야 하지 않겠는가?

파트너십의 목적

파트너십이 성공적이려면 파트너들 간에 따뜻하고 신뢰할 만한 관계 형성이 무엇보다 중요하다. 또한 마찰을 미연에 방지하려면 쌍방이 목표와 이상 둘 다 하나가 되어야 한다.

필자는 이전에 비즈니스 파트너십에 관련된 자산 집행인으로 임명된 적이 있었다. 남아있는 파트너들이 성격은 곧아도, 업체가 가야하는 방향과 완전히 반대되는 관점을 고집했다. 결국 의견의 차이가 너무 심해서 유일하게 가능한 길은 파트너십을 해체하고 업체를 팔아 넘기는 것이었다. 성공을 위해서는 상호 신뢰와 확신 그리고 목표의 연합이 있어야 한다.

성령님은 잃어버린 세상의 구원에 참여하는 것이나 다름없는, 하나님 나라의 큰 사업을 집행하시려 보내심을 받았다. 이 거대한 사업에서 그분은 이 땅에서 그리스도의 이익을 두루 살피시면서 우리의 연합을 찾으신다.

예수님은 성령님의 주요 사역을 이렇게 표현하셨다. "그가 내 영광을 나타내리니" (요 16:14). 그리스도의 목적이 그 아버지를 영화롭게 하는 것이었던 것처럼 (요 17:4), 성령님의 목적도 그리스도를 영화롭게 하는 것이었다. 우리가 참으로 성령님과 파트너가 된다면 그것이 우리의 애를 태우는 목표도 될 것이다. 우리의 진짜 야망이 그리스도를 영화롭게 하는 것인 한 우리는, 집에서, 학교에서, 직장에서, 설교 단에서, 우리의 사장(senior Partner)이신 그분의 도움에 의지할 수 있다.

파트너의 위치

업체에서는 사원 한 명은 일하는 사원(파트너)이 되고 다른 한 명은 익명 동업자(출자만 하고 업무에 관여하지 않는 파트너 - 역주)가 되어 꽤 성공적으로 운영하고 있다. 후자는 일상의 작업 수행에는 관여하지 않지만 경영 자본금을 공급함으로써 본질적인 기여를 한다. 그는 물론 이익을 균형 있게 나눠 가진다.

그러나 성령님은 파트너십 비즈니스에서 그분이 보이지 않는다는 의미에서 은밀한 파트너가 될 수는 있을지라도, 익명 동업자가 되기를 승낙하지는 않을 것이다. 그분께 사장(senior Partner)의 역할을 드려야 하며 사업이 조화롭게 성공하려면 전 기업에 대한 통치권을 드려야 한다.

우리가 많이 실패하는 이유는 사장의 임무를 그분께 양도하지 않고 우리가 월권 행위를 하기 때문이 아닐까? 그분께서 우리를 쓰실 수 있도록 하는 것이 아니라 그분을 이용하려는 죄를 저지르지 않았는가?

기드온의 기사는 이 점을 잘 설명해 준다. 그는 성령님과 자신의 관련된 위치를 정확히 인식했기 때문에 하나님의 손에서 강력한 도구가 되었다. "여호와의 신이 기드온에게 강림하시니(성령께서 기드온으로 옷 입으시니)" (삿 6:34).

기드온의 인성은 자발적으로 의복이 되었다. 즉 하나님께서 그 옷을 입고 사람들 사이에서 움직이실 수 있었다. 따라서 기드온을 통해서 하나님은 그분의 백성을 위해 그 유명한 승리를 이룩하셨다.

D. L. 무디(Dwight L. Moody)와 그의 아내가 시리아 해변가에서 휴가를 보내고 있을 때 한 노인이 이렇게 말해서 무디를 아주 놀라게 했다. "젊은이, 성령님께 영광을 돌리지 않으면 자네는 끝장이야."

"나는 화가 났지만 그가 옳았다. 나는 괴로워서 기도했다. 마침내 3위의 하나님께서 밤에 나를 찾아오셨다. 그 때 이후로 내 영혼은 불이 붙었으나 타지 않았던 모세의 떨기나무 불꽃의 신비를 알게 되었다"라고 무디는 고백했다.

우리 예배에서 성령님을 예배하고 끊임없이 그분의 지위를 사장님으로 존중한다면 우리는 현대 질병인 "번 아웃(일 등의 스트레스로 인한 신체적 감정적 피로감 - 역주)"으로 날마다 고생하지 않을 것이다. 우리는 하나님을 위해 우리 자신의 힘으로 일을 떠맡거나 그분께서 시작하지 않으신 사업을 착수하지 않을 것이다. 어떤 결정에서라도 결정권은 사장님께 있어야 한다.

파트너십의 세부 사항

파트너십이 조화롭게 운영되려면 파트너십이라는 용어를 명확히 파악하고 마지막 세부 사항까지 서면으로 제시해야 한다. 아무리 친구 사이라도 상호 특권과 상대방의 책임을 제시하는 서명 날인한 파트너십 증서 없이 파트너십 협정에 들어가는 것은 무모한 일이다.

성령님께서 우리와 함께 일하실 수 있을 것이라는 말에 대해서 성경은 어떻게 말하고 있는가? 필자는 여기서 인간 상호간의 파트너십 계약에서 보통 대응부가 있는 다섯 가지를 제안하겠다.

비즈니스는 파트너십(협력) 계약에 따라 수행되어야 한다

성령의 생기로 가득한 하나님의 말씀이 물론 우리의 파트너십 증서이다. 규정이 제정되지 않은 나라를 위한 사역에서는 어떠한 승산도 일어날 수 없다. 우리의 첫 번째 의무는 그 규정에 정통하여 우리 삶이 그 요구에 일치하는 것이다.

파트너(협력자)는 파트너십 비즈니스를 촉진하는 데 자신들의 전 시간, 능력, 힘을 쏟아야 한다

성령님께서 그분의 책무를 다하실 것은 의문의 여지가 없다. 부활하신 주님께서는 성령님의 협력과 권능을 부여하시겠다고 보장하셨다. "오직 성령이 너희에게 임하시면 너희가 권능을 받고 … 내 증인이 되리라" (행 1:8).

제자는 주님과 같이 개인의 이해 관계에 매이지 않고 기꺼이 하나님 나라의 일로 즐거움을 누려야 한다. 경쟁 상대나 이해 관계가 반대되는 이들(세상, 육신, 마귀)과의 비밀 동맹에 들어가서는 안 된다.

자본은 양측의 각 파트너가 부담해야 한다

여기서 우리는 본인의 영적 파산을 대면하지 않을 수 없다. 우리가 기여할 것으로 가진 것은 무엇인가? 제임스 그레이(James M. Gray)는 우리의 처지를 이렇게 표현한다.

> 내가 받은 것 외에는 가진 것 없으니
> 믿음 이후로 받은 은혜로세
> 깨달아 한 번 더 할 말이
> 나 은혜로 구원받은 죄인일 뿐이로세.

파트너십 자산에 대하여 내가 오직 기여하는 것은 그 권능과 가능성으로 구속받은 나의 사람됨이다. 나는 "하나님의 형상으로" 지음 받았기 때문에 나의 궁핍함에도 불구하고 내 파트너에게 받아들여질 수 있다.

> 내 생명의 되찾은 온 힘과
> 내 모든 생각과 말과 행동이
> 내 모든 날과 온 시간이
> 모두 예수를 위함일세, 모두 예수를 위함일세.

그런데 성령님은 어떤 것을 부담하실까? 그분은 우리에게 "측량할 수 없는 그리스도의 풍성함"을 주실 권세가 있다 (엡 3:8). "지혜와 지식의 모든 보화"가 그 자본의 일부이다 (골 2:3). 효과적인 섬김을 위하여 우리가 준비되도록 주어진 것을 왜 우리는 더욱 사용하지 않는가?

어떤 젊은이가 갑자기 사업에 뛰어들었는데 그 사업이 급속도로 확장되었다. 그는 비즈니스 계에서 별로 유명하지 않았고 갖고 있는 재산도 거의 없었다. 그러나 재정적으로 쪼들리지 않는 것 같았다. 사람들은 무명의 부자인 사람이 그 젊은이의 능력을 알아보고 이렇게 제안한 것을 몰랐다. "자네, 사업을 시작하게나, 내가 재정적으로 도와줌세." 수수께끼가 풀렸다. 이런 의미에서 성령님은 우리 곁에서 도와주시는 하나님(divine Standby)이시다.

어떠한 논쟁이나 불일치가 발생하는 경우에 그 문제는 중재인에게 회부된다

우리가 파트너십 계약 조건을 어기면 누가 중재인인가? 성령의 평화가 내 마음에서 흘러 나갔다면 그것은 내가 사장님(Senior

Partner)과 조화되어 있지 않다는 증거가 될 것이다. 내가 성령님을 근심케 했을 것이다. 죄와 실패에 대해서 진정으로 고백하고 순종을 새롭게 할 때 성령의 평화가 다시 돌아올 것이다. 빌립보서 4장 7절을 풀어서 쓰면 이렇게 된다. "그러면 하나님의 평화가 모든 분쟁에서 중재인으로서 너희 마음에 좌정하시리라."

이득의 분배

우리는 성령님과의 교제(연합)에서 항상 가장 좋은 거래를 하는 셈이다. 다른 파트너들과 달리 그분은 자신을 위해서는 아무것도 구하지 않으신다. 우리가 부담한 대수롭지 않은 자본금에도 불구하고 그분은 모든 이익을 우리에게로 돌리시고 우리를 "하나님의 후사(법정 상속인 - 역주)요 그리스도와 함께 한 후사"로 임명하신다 (롬 8:17).

파트너십의 특권

이 땅에서 우리 주님의 대리인(Representative)과 연합(교제)함으로써 생기는 유익이 얼마나 풍성한지!

성경 공부에서

진리의 성령은 말씀을 설명해 주시고 영감을 주신다. 그분의 안내 하에 우리가 말씀을 자세히 고찰할 때 한 장 한 장을 밝혀 주신다. 우리 눈앞에 구세주의 공로와 덕, 영광을 펼쳐 보이기를 기뻐하신다. 성령님은 "예수 그리스도의 얼굴에 있는 하나님의 영광을 아는 빛(영광에 관한 지식의 빛 - 역주)"을 우리에게 비추신다 (고후 4:6).

기도 생활에서

성령님은 "은총과 간구하는 심령"으로 불리며 (슥 12:10) 이 역
할에 있어서 성령님은 "우리의 연약함을 도우시며 우리가 마땅
히 빌 바를 알지 못하나 말할 수 없는 탄식으로 우리를 위하여
친히 간구하신다" (롬 8:26). 우리 기도 생활의 많은 부분이 무력
한 것은 우리 파트너이신 성령님의 약속하신 도우심을 사용에
쓰지 못하기 때문일 수 있다.

우리의 예배에서

우리는 그분의 거대한 힘에 의지해서 하나님의 뜻 안에서 모
든 것을 할 수 있다. 부활하신 그리스도는 이러한 능력을 약속했
다. "성령이 너희에게 임하시면 너희가 권능을 받고" (행 1:8).

우리의 인격에서

바울이 전했듯이 성령님은 또한 우리를 그리스도의 형상으로
바꾸기를 몹시 원하신다.

> 우리가 다 수건을 벗은 얼굴로 거울을 보는 것같이 주의 영광을 보매 저와
> 같은 형상으로 화하여 영광으로 영광에 이르니 곧 주의 영으로 말미암음이니
> 라 (고후 3:18).

성령님의 교통하심(fellowship)이라는 축도가 우리에게 훨씬 더
큰 의미로 다가온다.

□ **연구 질문**

1. 제자도의 과정에서 성령님은 어떤 부분을 제공해 주시는가?

2. 더 나은 제자가 되기 위해 본인은 어떤 재원이 가장 필요한가?

3. 성령님을 통해서 주어진 재원을 어떻게 더 잘 이용할 수 있는가?

□ **성경 탐구**

1. 이 장에서 성령님에 관하여 얻은 가장 유용한 통찰력이 있다면 어떠한 것인가? 성경에 비추어 살펴보자.

고후 4:6, 고후13:13, 롬 8:17, 요 14:15-17, 요 16:7,14 요 17:4, 엡 3:8, 슥 12:10, 행 1:8

우리는 주인을 시켜 주겠다고 하면 좋아하지만 종이되
어 힘든 일을 하라면 별로 반가워 하지 않는다. 하지만
종의 길이 주님께서 가신 길이다.

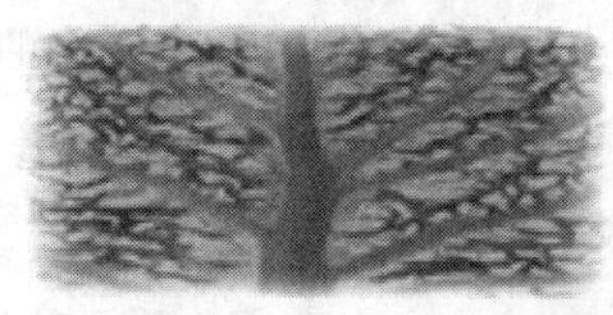

7

제자의 섬김

그러나 나는 섬기는 자로 너희 중에 있노라. - 눅 22:27
종이 주인보다 더 크지 못하다 한 말을 기억하라. - 요 15:20

이사야의 예언에서 "여호와의 종"이라는 말은 세 가지 다른 의미로 사용되었다. 그것은 이스라엘 백성을 의미한다. "나의 종 너 이스라엘아 나의 택한 야곱아……네게 이르기를 '너는 나의 종이라'…" (41:8-9).

또한 하나님의 자녀를 의미한다. "이는 여호와의 종들의 기업이요 이는 그들이 내게서 얻은 의(vindication)니라 여호와의 말이니라" (54:17).

그것은 메시아, 그리스도를 예언하는 말이다. "내가 붙드는 나의 종 내 마음에 기뻐하는 나의 택한 사람을 보라 내가 나의 신을 그에게 주었은즉 그가 이방에 공의를 베풀리라" (42:1).

하나님은 열방 중에서 이스라엘을 택하여 이 땅에서 그분을 나타내고 세상의 불경건한(godless) 민족들 중에서 빛이 되게 하셨으나, 그들은 항상 저버렸다. 약속된 메시아인 그리스도는 이스라엘이 그분의 아버지와 사람에게 모두 최상의 이상을 충족시키고 드리는 데 실패했었던, 완벽한 섬김과 헌신을 하셨다. 메시아를 예언하는 본문 42장 1-4절에서 이사야는 여호와의 이상적인 종의 모습과 그가 보이실 자질을 그려준다.

예수님께서 종으로서 제자들의 발을 씻기신 사건에서 이렇게 말씀하셨다. "내가 너희에게 행한 것같이 너희도 행하게 하려 하여 본을 보였노라 내가 진실로 진실로 너희에게 이르노니 종이 상전보다 크지 못하고..." (요 13:15-16). 예수님의 자세가 제자들이 따를 모범이다. 성경에서 그리스도를 우리의 본보기로 구체적으로 언급한 것은 두 번뿐이다. 한 번은 섬김에 관련된 것이고 또 하나는 고난에 관한 것이다 (벧전 2:21).

요한복음 13장에 기록된 겸손한 섬김에 대한 최상의 말씀은 우리 주님께 있어서 새로운 일이 아니었다. 그분은 "어제나 오늘이나 영원토록 동일하시니라" (히 13:8). 그분은 곧 자신이 영원에 속했던 것을 말씀하시려 했다. 최상의 섬김의 본질을 삶에서 보여 주신 것이다. 최고의 영예는 가장 겸손한 섬김에 있다. 하나님의 생명이 인류의 섬김에 쓰이는 것을 우리에게 보이셨다. 그분만큼 끊임없이 섬김이 가능한 사람은 아무도 없다. 그분께서 모두를 다스리시는 이유는 모두를 섬겼기 때문이다.

예수님은 정치적인 의미에서 혁명가가 아니셨지만 영적인 지도력에 있어서 그분의 가르침은 참으로 혁명적이었다. 당시에 종(servant)이라는 말은 천한 의미를 함축했으나 예수님은 그러한 자가 위대하다고 하셨다.

"너희 중에는 그렇지 아니하니 너희 중에 누구든지 크고자 하는 자는 너희

를 섬기는 자가 되고 너희 중에 누구든지 으뜸이 되고자 하는 자는 모든 사람
의 종이 되어야 하리라" (막 10:43-44).

우리들 대부분이 주인을 시켜주겠다고 하면 싫어하지 않을 테
지만 종이 되어 힘든 일을 하라고 하면 별로 좋아하지 않을 것이
다. 하지만 그것이 주님께서 가신 길이다. 자기 멋대로 하고 쉽
게 세상을 사랑하는 사람들은 그렇게 세상과는 다른 개념을 환
영하지 않을 것을 주님은 아셨다. 그러나 제자들을 끌어 모으기
위해 기준을 낮추지는 않으셨다.

하나님 나라에서 종의 도가 으뜸 됨을 말씀하실 때 단순히 봉
사의 행위를 염두에 두신 것이 아님을 알아야 한다. 아주 의심스
러운 동기로도 그러한 행위를 할 수 있기 때문이다. 예수님이 의
미하신 바는 섬김의 정신이다.

그분의 제자인 우리의 삶에 재생산되어야 하는 주님의 생활
원칙은 다음과 같은 것들이 있다.

의존

"내가 붙드는 나의 종" (사 42:1).

그리스도의 성육신에서 자기를 비우는 놀라운 면을 보여 준
다. 사람이 되면서 예수님은 하나님의 속성이나 특권을 벗어 던
지지 않았지만 자기 의지와 자족(自足)을 비우셨다. "그의 능력
의 말씀으로 만물을 붙드시는" 분임에도 불구하고 (히 1:3), 인간
본성의 죄 없는 모든 연약함으로 우리와 아주 가까워지셨고 그
분도 하나님의 붙드심이 필요했다. 예수님 스스로가 이렇게 증
거 하셨다.

> "내가 진실로 진실로 너희에게 이르노니 아들이 아버지의 하시는 일을 보
> 지 않고는 아무것도 스스로 할 수 없나니" (요 5:19);
> "내 교훈은 내 것이 아니요 나를 보내신 이의 것이니라" (요 7:16);
> "너희의 듣는 말은 내 말이 아니요 나를 보내신 아버지의 말씀이니라" (요
> 14:24).

이 구절들을 모두 살펴볼 때 예수님은 그분의 말씀의 사역에
서 모두 그분의 아버지를 의존하기 원하셨다는 사실을 알 수 있
다. 우리는 예수님처럼 의존적인가? 하나님께서 "종의 형체를"
지신 이 역설이 성육신의 신비이다 (빌 2:7). 성령님께서는 우리
가 그와 같은 태도를 취하는 만큼까지 우리를 사용하실 수 있을
것이다. 위험이 있다면 우리가 너무 의존적이되는 것이다.

용인

> "내 마음에 기뻐하는 나의 택한 사람" (사 42:1).

하나님 아버지는 그분의 종인 이스라엘에게 매우 실망하셨음
에도 불구하고 독생자 예수의 태도와 성취에서 기쁨을 찾으셨다.
두 번, 하나님은 영원의 침묵을 깨시고 아들로 인한 기쁨을 선포
하셨다. 그리스도는 헌신적인(self-forgetful) 사역의 향기를 널리
발한 종이었다. 그 향기는 향기로운 구름과 같이 하늘로 피어올
랐다. "하나님께서 받아주신" 우리도 그분께서 택한 자이다.

삼가는 태도

> "그는 외치지 아니하며 목소리를 높이지 아니하며 그 소리로 거리에 들리

게 아니하며" (사 42:2).

달리 표현하자면 이렇다. "그는 큰 소리로 소리질러 말하지 않을 것이다." 하나님의 종된 사역은 귀에 거슬리거나 불타오르는 듯한 것이 아니라 신중하며(겸손) 삼가는 태도가 될 것이다. 이것은 야단스러운 자기 광고를 하며, 뻔뻔스럽고 시끄러운 TV 시대에 필요한 바람직한 자질이다.

마귀가 예수님을 성전의 난간에서 뛰어내리라고 부추길 때 이 점에서 시험했다. 그러나 예수님은 유혹의 덫에 넘어가지 않았다. 오히려 자신이 행하신 기적을 밖으로 떠벌려 퍼뜨리지 않도록 하셨다. 어떤 때는 무리가 추종하고자 할 때 몰래 떠나기도 하셨다. 자기 자신의 세력을 확보하기 위해서는 기적을 행하지 않으셨다.

하나님을 섬기는 천사들의 기록을 보면 여섯 날개 중 네 개로는 얼굴과 발을 가리고 있다. 드러나지 않는 섬김에 만족한다는 생생한 표현이다.

긍휼(공감)

"상한 갈대를 꺾지 아니하며 꺼져가는 등불을 끄지 아니하고" (사 42:3).

약하고 죄를 범하는 모든 실패 속에서 사람들은 동료들에게 무정하게 짓밟힌다. 그러나 이상적인 섬김은 대개 무시당하거나 경멸당하는 사람들을 위한 사역에 있다. 그분께서 회복시키지 못할 만큼 상하거나 깨진 생명은 없다.

의욕적이고 이기주의적인 그리스도인 사역자들은 사회의 더 높은 계층에 자신을 헌신하기 위하여 강도를 만나 쓰러져있는 사람을 못 본 체하고 다른 길로 갔던 제사장 및 레위인과 같이 행동한다. 그들은 복음의 요소들을 무지한 신자들에게 계속 가르치거나 타락한 이들을 좁은 길로 인도하려고 애쓰지 않을 것이다. 그들은 자신의 지력(智力)에 더 알맞은 사역을 원한다.

그러나 예수님은 자신을 낮추어 다들 무시하는 이들을 섬기는데 기쁨과 만족을 얻으셨다. 그분의 사랑과 돌보는 솜씨로 상한 갈대는 다시 천상의 음악을 낼 수 있었고 꺼져 가는 등불은 점점 불타오를 수 있었다. 예수님은 회개하는 자의 희망을 꺾거나 정죄하지 않으셨다. 세상이 무시하는 자들을 돌보는 것은 숭고한 일이다.

베드로의 심지는 빌라도의 뜰에서 얼마나 꺼져갈듯 했는가! 그러나 오순절 날의 찬란하게 티오르는 불꽃을 보라. 주님께서 다시 베드로와 만나셔서 그 불꽃이 타오르도록 하셨을 때 그것은 오순절의 그 끌 수 없는 큰불로 타올랐다.

스탠리 존스(E. Stanley Jones)는 이렇게 말했다. "예수님은 연약하고 머뭇거리는 죄인들에게 희망을 안고 인내하셨다. 그러나 그들의 죄와 결점에 타협하거나 순응하지 않으셨다. 그들이 패배하지 않고 승리하도록 붙잡으셨다.

낙관

"그는 쇠하지 아니하며 낙담하지 아니하고 세상에 공의를 세우기에 이르리니" (사 42:4).

영어 성경 RSV로 하면 이렇다. "그는 낙심하거나 꺾이지 않으리니" 비관적인 사람은 결코 영감 있는 지도자가 되지 못할 것이다. 본보기가 되는 종의 생애와 사역에서 비관론을 찾아볼 수 없을 것이다. 그분은 현실주의자이셨으나 염세주의자는 아니었다. 그는 아버지의 목적과 다가오는 그 나라의 성취에 흔들리지 않는 확신을 나타내셨다.

4절의 "쇠하다(falter)", "낙담하다"가 3절의 "꺾다", "끄다"와 원문으로는 똑같은 단어이다. 하나님의 종이 상한 갈대와 꺼져 가는 심지를 대상으로 하신 은혜가 넘치는 사역을 암시한다. 희망과 낙관론의 본질적인 요소는 그분의 목적 성취로 인해 당연할 것이다.

기름 부으심

"내가 나의 신을 그에게 주었은즉" (사 42:1).

지금까지 다섯 가지 자질 자체만으로는 하나님이 맡기신 섬기는 사역을 위해 부족하다. 사실 제자들은 초자연적 존재의 만지심이 필요하다. 하나님의 이상적인 종에게도 성령의 기름 부으심을 주셨다. "하나님이 나사렛 예수에게 성령과 능력을 기름 붓듯 하셨으매 저가 두루 다니시며 착한 일을 행하시고 마귀에게 눌린 모든 자를 고치셨으니 이는 하나님이 함께 하셨음이라" (행 10:38).

하신 모든 것은 성령님의 권능을 통해서였다. 세례를 받으실 때 성령께서 내려오실 때까지 나사렛에서는 어떠한 활동도 없으셨다. 그 후에야 세상을 뒤흔드는 사건들이 일어나기 시작했다.

같은 성령님으로 같은 기름부으심이 우리에게도 가능하다. 우리는 하나님이 보여 주신 예를 벗어나는 행동을 하려해서는 안 된다. 성령님의 기름부으심 없이 사역을 착수하는 것이 바로 그런 행동이다.

하나님은 성령을 치수로 딱 재서 어느 만큼만 주시지 않았다 (요 3:34). 성령님의 공급하심을 조절하는 것은 우리의 받는 역량일 뿐이다 (빌 1:9). 우리가 그분의 종으로서 우리를 향하신 하나님의 이상을 충족시키려면 요단강에서 주님께 일어난 일과 오순절 날 120명 성도가 다 성령의 충만함을 받은 일이 우리에게도 일어나야 한다.

종의 사역

제자는 제사장 및 봉사자로 모두 불린다. "오직 너희는 여호와의 제사장이라 일컬음을 얻을 것이라. 사람들이 너희를 우리 하나님의 봉사자(minister)라 힐 것이며" (사 61:6).

제사장들은 여호와 하나님을 섬겼고(minister) 레위인들은 자기 형제들을 섬겼다. 제자의 특권은 둘 다 섬기는 것이므로 우리는 하나님을 예배하는 일과 사람을 섬기는 일에 균형을 잡아야 한다.

우리는 성전에서 영적인 희생을 제물로 드리고 하나님의 집에 속한 다른 의무에도 종사해야 한다.

종은 온 민족을 비추는 빛으로서, 복음의 빛을 전달하여 죄의 감옥에서 갇힌 자를 구할 책임이 있다 (사 42:6-7). 그러나 종이 맡은 최우선 책임은 하나님을 영화롭게 하는 것이다. "내게 이르시되 너는 나의 종이요 내 영광을 나타낼 이스라엘이라" (사 49:3).

이 땅에서 그분의 삶을 돌이켜 볼 때, 이상적인 종은 한 문장으로 요약할 수 있는데 그것은 우리가 힘써 닮아야 할 부분이다. "아버지께서 내게 하라고 주신 일을 내가 이루어 아버지를 이 세상에서 영화롭게 하였사오니" (요 17:4).

□ 연구 질문

1. 본인이 십대로 성장한 것은 갑자기 였는가 아니면 점차로 였는가? 사람들이 나를 보고 뭐라고 했는가?

2. 많은 그리스도인들이 종의 개념을 받아들이기를 그렇게 어려워하는 이유는 무엇인가?

3. 그리스도의 섬김을 좀 더 전심으로 따르기 위해 이번 주에 할 수 있는 가장 중요한 일이 있다면?

□ 성경 탐구

1. 그리스도께서 보여 주신 섬기는 태도는 여러 면에서 도전과 영감을 준다. 다음 구절은 제자의 섬김에 대해 무엇을 말하고 있나?

막 10:43-44, 눅 22:27, 벧전 2:21, 요 15:15-20, 요17:4, 사 42:6-7, 사 49:3, 사 61:6

8 | 제
자
의　열
망

제자는 가능한 한 하나님을 위해 최고가 되어야 한다.
그분을 기쁘시게 하는 것이 가장 가치 있는 목표이다.
그리스도와 교회를 위해 위대한 일을 성취한 사람들처
럼 우리는 이제 거룩한 열정을 품어야 한다.

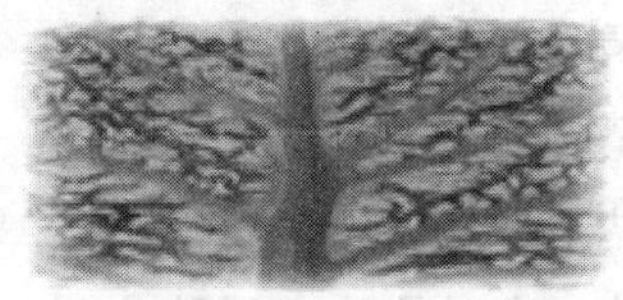

8

제자의 열망

그런즉 우리는 거하든지 떠나든지
주를 기쁘시게 하는 자 되기를 힘쓰노라. —고후 5:9

제자는 하나님을 위해 자신이 가능한 한 최고가 될 책임이 있다. 그분을 기쁘시게 하는 것이 가장 가치 있는 목표이다. 그분은 우리가 우리를 지으신 온전한 목적을 깨닫기 원하신다. 그분은 우리가 김빠진 평범한 사람으로 만족하기를 원치 않으신다. 많은 이들은 탁월한 열망이 부족하기 때문에 하나님이나 사람에게 의미 있는 어떤 것도 성취하지 못한다. 고귀한 열망이 주는 영감에 완전히 내맡기지 않고는 큰 일이 이루어진 적이 없다.

프레드 미첼(Fred Mitchell)은 중국 내륙 선교회의 영국 감독이 되기 전에 약제사였다. 그는 자기가 학생이었을 때 친구와 같이 검안(시력 측정) 수업을 들었는데 어느 날 그 친구가 터무니없는 공상과 같은 말로 깜짝 놀라게 했다.

"언젠가 나는 조지왕의 검안사가 될 거야."

프레드는 믿지 못하겠다는 태도로 "어, 그래?"하고 대답했다는 것이다.

그런데 프레드가 이렇게 말해주었다. "그 왕의 검안사가 지금 누군지 아십니까? 바로 그 젊은 친구입니다." 그는 자신의 인생을 오직 한 방향으로 곧게 하는 뜨거운 열망에 사로잡혔고, 그렇게 자신의 목표에 도달했다.

우리는 자신이 그렇게 뚜렷한 열망을 갖고 있는지 스스로 묻기를 잘 할 것이다. 우리는 인생을 가장 잘 쓰고 있는가? 우리는 주님께 나 자신의 최대 역량을 발휘하고 있는가?

열망(ambition)이 있어야 할 곳

영어로 야심(ambition)은 신약 성서의 단어가 아니다. 그것은 라틴어에서 온 것으로 "목표에 도달하기 위해 두 가지로 맞서는" 뜻으로서, 확실치 않은 구별을 의미한다. 이 말이 현대에는 부정직하고 양면의 가치가 존재하는 선거 운동 술책에 쓰인다.

세상적인 열망은 여러 가지 요소가 있을 수 있으나 보통 세 가지 주요 경향을 따른다. 첫째, 인기, 명예이다. 명성을 얻으려고 하는 욕망이다. 둘째, 권력이다. 사람들에게 영향력을 미치고 권위를 휘두르고자 하는 욕망이다. 셋째, 부이다. 권력을 이용하여 얻는, 많은 재물을 축적하고자 하는 욕망이다. 이러한 야심에서 치명적인 결함은 모두 다 자신에게 초점이 맞춰져 있다는 점이다.

믿지 않는 작가들도 "고결한 마음이 갖는 최후의 결함"이라는 미명 아래 그러한 열망의 이면을 그렸다. 세익스피어는 인간의 마음을 무시무시한 통찰력으로 꿰뚫어보고 카디널 울지(Cardinal

Wolsey)의 대사로 이렇게 표현했다. "크롬웰, 야심을 떨쳐버리게. 천사도 그 죄로 타락했는데 어떻게 창조주의 형상인 인간이 야심으로 득을 얻겠나?"

그러나 모든 야심이 이러한 비난을 받는 것은 아니다. 바울은 아주 고결한 계통의 언어를 사용해서 "영예의 사랑"을 받을 수 있었다. 그래서 고린도후서 5장 9절에서는 "그러므로 우리가 주를 기쁘시게 하는 영예를 반드시 중시한다"고 할 수 있었다.

또한 바울은 디모데전서 3장 1절에서 이렇게 권면했다. "지도자가 되기를 열망하는 것은 명예로운 포부(ambition)이다". 물론 이 문맥에서 동기가 결정적인 요소가 될 것이다. 너무나 많은 제자들이 현상에만 만족하고, 자신의 영적 상태를 향상시켜 더 유능한 사역을 달성하려는 열망은 품지 않는다.

예레미야는 "네가 너를 위하여 대사를 경영하느냐? 그것을 경영하지 말라"고 바룩에게 여호와의 명령을 전했다 (렘 45:5). 이 명령은 모든 열망을 다 금지하는 얘기가 아니다. 여기서 '너를 위하여'라는 말이 중요하다. 자기 중심적인 열망은 깨끗이 버리라는 소리이다. 예수님은 크고자 하는 열망 자체가 꼭 죄 된 것은 아님을 분명히 말씀하셨다 (막 10:43). 그분이 책망하신 것은 무가치한 동기에서 크고자 하는 열망이었다. 최고의 야심이 바로 하나님을 영화롭게 하려는 위대한 사람들이 하나님께 필요가 있다.

열망의 시험

야고보와 요한은 둘 다 열망 있는 이들이었으나 그들의 열망은 거의 자기 중심적이어서 무가치했다. 그들의 야심은 주님께 한 요청에서 드러난다. "주의 영광 중에서 우리를 하나는 주의 우편에, 하나는 좌편에 앉게 하여 주옵소서” (막 10:37). 주님의 도래하는 나라에서 자기들에게 최고의 자리를 떼어달라는 부탁이다! 이것은 완전히 순전한 이기심이며 꾸중을 들을 만했다. “너희 중에는 그렇지 아니하니 너희 중에 누구든지 크고자 하는 자는 너희를 섬기는 자가 되고” (43절). 하나님의 나라는 이기심에서가 아니라 자기 희생에서 발견된다. 야고보와 요한은 영광의 면류관을 부탁했으나 예수님은 가시 면류관을 택했다. 그들은 사람들을 다스리기 원했으나 주님이 하신 말씀에서 위대함에 이르는 길은 섬김을 통해서이지 지배를 통해서가 아니라고 했다. 이것은 제자들이 터득해야 할 엄청나게 중요한 교훈이다.

모라비아 선교 교회의 창시자 진젠돌프(Nikolaus Zinzendorf) 백작의 야망은 이 말 속에 남아 있다. “내게 한 가지 열망이 있는데, 그것은 오직 그분 한 분입니다!” 이 그리스도 중심의 열정과 열망은 그가 이끈 교회에 강하게 남아 선교사가 거의 없었을 당시, 세계 선교 프로그램을 개척했다. 헤른후트(Herrnhutt)에 있는 교회에서는 수 백년간 밤낮으로 끊어지지 않는 기도의 물결이 일어났다. 그의 고귀한 야망은 그리스도 안에 그 중심을 두고 세계로 향하였다.

우리 자신의 야심을 판단하려면 이 기준으로 잴 수 있다. “나의 야심을 달성했을 때 하나님을 영화롭게 하고, 잃어버린 세상에 다가가는 데 있어서 내가 그분께 더 유용하게 쓰일 것인가?”

지배적 열망

미국 인디언의 초기 선교사였던 데이빗 브레이너드(David Brainerd)는 영혼 구원으로 그리스도의 영광에 대한 열정에 불탔다. “나는 내가 어디에서 어떻게 살든지, 어떤 고생을 하든지 그리스도를 위해 영혼을 얻을 수만 있다면 상관하지 않았다.”

바울은 회심 이전에도 열렬한 열망을 가진 사람이었다. 그는 무엇을 하더라도 어중간하게 할 수 없었다. “나는 굉장히 열심인 사람”이라고 선언했다. 제한하는 현상을 항상 못 견뎌하고 끊임없이 새로운 목표와 한계를 향하여 애썼다. 그에게는 누가 부인하더라도 깨뜨릴 수 없는 강력한 소원이 있었다.

그의 회심은 그러한 열심의 화염을 끄지 않았고 오히려 더욱 멀리까지 날아가도록 만들었다. 이전의 패기는 예수의 이름을 지우고 그 교회를 모조리 없애버리는 것이었으나 이제는 예수의 이름을 높이고 그 교회를 세우고 개발하는 열정이었다. 그의 새로운 열망은 그리스도의 영광과 그 나라의 확장에 중심이 있었다.

바울이 죽기 얼마 전에 이렇게 썼다.

> 또 내가 그리스도의 이름을 부르는 곳에는 복음을 전하지 않기로 힘썼노니 이는 남의 터 위에 건축지 아니하려 함이라 기록된 바 주의 소식을 받지 못한 자들이 볼 것이요. 듣지 못한 자들이 깨달으리라 함과 같으니라 (롬 15:20-21).

어떤 저자는 바울이 영적으로 밀실 공포증을 겪었다고 말한다. 그가 초기에 받은 임무는 이러했다. “나더러 또 이르시되 떠나가라 내가 너를 멀리 이방인에게로 보내리라 하셨느니라” (행 22:21). 그리고 그는 야심을 품고 그 책임을 다 했다. 그에게는 “머나먼 지역”에 대한 생각이 늘 떠나지 않았고 진정한 제자는 모두 그 열망을 나눠야 했다.

훌륭한 학자이자 용감한 선교사였던 헨리 마틴(Henry Martyn)은 자신의 지배적 열망을 이렇게 표현했다. “나는 탐욕을 위해, 큰 뜻을 위해, 내 자신을 위해 불타오르고 싶지 않다. 다만 위대한 희생 제물이신 그분을 바라보며 하나님과 그분의 말씀을 위해 타고 싶을 뿐이다.”

바울의 열망은 두 가지 강력한 동기로 타올랐다. 첫째는 그리스도에 대한 사랑으로, 이것이 그를 “강권했으며” 그에게 어떠한 선택권도 남기지 않았다 (고후 5:14). 그의 불순종하는 마음을 깨고 사로잡았던 것은 그 사랑이었다. 둘째는 피할 수 없는 책무 의식이었다. “나는 만국에게 다할 어떤 책임을 느낀다. 나는 헬라 문화인으로부터 무지한 야만인까지의 모든 사람에게 빚진 자이다” (롬 1:14). 모든 사람이 그리스도의 구원 대상에 속하기 때문에 그는 모든 계층에 똑같이 빚졌다고 느꼈다. 사회적인 사태, 가난, 문맹은 그와 상관없는 것들이었다. 그의 열망은 한 길로 모아졌다. “내가 하는 이 한 가지 일”이 그 길이었으며 그것은 그의 전 생애를 한결같게 했다.

그러니 그가 그렇게도 영적인 탁월함의 값을 기꺼이 치르고자 했을 때 억누르는 어려움에 대결하면서 성공한 것은 당연한 지도 모른다. 마이어(F. W. H. Myers)의 위대한 시 “성 바울(St. Paul)”에서는 이렇게 강조한다.

> 두 팔 벌려 얼마나 무릎 꿇었던가,
> 숨죽인 대기 속에 온 밤을 쳐들고,
> 차고 넘치는 소원으로 몹시 놀라 멍하니,
> 칠흑 같은 기도의 고통으로 얼빠진 내 모습.

널리 퍼지고 있는 네비게이토 운동의 창시자 도슨 트로트만(Dawson Trotman)의 장례식에서 빌리 그래함(Billy Graham)이 말씀을 전했는데 이렇게 의미 심장한 말을 했다. “여기 고인께서 ‘나는 40가지를 취미 삼아 한다’라 하지 않고 ‘나는 오직 이 한 가지를 한다'고 했습니다." 모든 장애물을 극복하는 그러한 지배적 열망은 어려움과 방해를 딛고 성공한다.

우리 주님은 그의 전 생애가 지배적 열망에 사로잡혔다. 그것을 한 문장으로 요약할 수 있다. "내가 하나님의 뜻을 행하러 왔나이다" (히 10:7). 예수님께서 생을 마감하시면서 놀라운 대제사장적인 기도를 드리셨을 때 이 열망의 완전한 성취를 보고할 수 있었다. "아버지께서 내게 하라고 주신 일을 내가 이루어 아버지를 이 세상에서 영화롭게 하였사오니" (요 17:4).

싸워 이기는 열망

주님과 같이 제자들의 열망에도 늘 도전해 오는 세력이 있을 것이다. 그분의 결단을 약화시키고 목적에서 멀어지도록 하는 것이 너무 많았다. 원수들의 악의 있는 언동과 따르던 자들의 변덕, 심지어 가장 가까운 이들의 만류 등…

낙심할 만한 수년의 길을 오르고 나서도 요셉은 하나님께 대한 충성과 성실을 지켰다. 하루는 일을 하는 중에 주인 보디발의 아내가 유혹했다. 자신을 정결하게 지키는 경건한 목적은, 뜻밖의 유혹을 받은 처음 충격에서 크게 도움이 되었다. 그러나 그것은 끊임없이 공격해 왔다. "여인이 날마다 요셉에게 청하였으나 요셉이 듣지 아니하여 동침하지 아니할 뿐더러 함께 있지도 아니하니라" (창 39:10). 그의 목적에 대항한 도전이 매일 있었다. 마귀는 끈질기게 유혹한다.

그리스도와 교회를 위해 위대한 일들을 성취한 사람들의 인생을 보면 공통점이 있다. 위대한 열망을 품었다는 점이다.

부흥사이자 교육가였던 조나단 에드워드(Jonathan Edwards)는 이렇게 주장했다. "나는 살아 있는 동안 온 생명을 다해 살 것이다."

구세군의 창설자 윌리엄 부스(William Booth)는 이렇게 말했다. "내가 아는 한, 하나님은 내게 있던 모든 일을 당하셨다."

하나님의 모든 재원을 우리 마음대로 쓸 수 있다면 우리는 초라한 결과에 대한 변명으로서 자신의 연약함이나 무능을 내세울 필요가 없다. 우리가 보기에는 아주 가망성이 없는 것이라도 하나님께는 크게 쓰일 수 있다.

토마스 스코트(Thomas Scott)는 학교를 다닐 때 저능아였다. 교사들은 그에게 거의 기대를 하지 않았다. 그를 괴롭힐 이유가 어디 있겠는가? 그러나 그의 두뇌와 마음이 눈떠야만 했다. 하루는 어떤 교사의 말이 그의 가장 깊은 곳까지 스며들었다.

그러고 나서 그는 의연한 목적인 지배적 열망을 형성했다. 전진하는 속도는 느렸지만 교사들은 그가 달라져 가는 것을 볼 수 있었다. 그는 강하게 성장해서 찬송가 405장 "나 같은 죄인 살리신"의 작곡자이자 이전 노예상인이었던 존 뉴튼(John Newton)을 이어 애스톤 샌드포드(Aston Sandford)에서 교회의 교구 목사가 되었다. 또한 성경 전체에 대해서 방대한 양의 귀한 주석을 썼으며 당대에 큰 영향력을 미쳤다. 지진아였던 이의 업적이 너무나 귀해서 미국에서는 오늘날까지도 그 주석이 이용되고 있다.

다른 똑똑했던 아이들은 모두 잊혀졌다. 가장 기대할 것이 없던 이였고, 가장 큰 장애를 견딘 그의 이름과 영향력만이 남아 있다. 그는 위대한 열망에 사로잡혔었기 때문이다.

크루세이드(Crusade)란 잡지 기사에서 존 스코트(John R. W. Scott)는 우리 시대에 소중한 열망이 없는 것에 대하여 이렇게 말했다.

우리 시대가 내세우는 모토는 "안전 제일주의"이다. 많은 젊은이들이 자기 둥지를 틀고 미래를 보장하며 자기 생명을 안전하게 지킬 수 있고, 온갖 위험은 피할 수 있으며, 두둑한 연금으로 퇴직할 수 있는 무난한 직장을 찾고 있다.

장래를 대비하는 것이 잘못은 아니지만 이러한 정신이 우리 생활에 침투하여 삶은 나약해지고 솜으로 칭칭 감아 모험이라고는 다 없어졌다. 솜으로 하도 두껍게 에워쌌기 때문에 우리는 세상의 고통도 느낄 수 없고 하나님의 말씀을 들을 수도 없다.

예수님은 면역된 천국의 특전만 누리시거나 하늘의 안전한 곳에 숨어 계시지 않았다. 그분은 위험한 지역에 들어오셔서 오염의 위험을 겪으셨는데……우리가 어떻게 안전을 열망하는 삶을 살 수 있단 말인가?

우리가 바울의 "그분을 기쁘시게 하려는" 열망을 품는다면 기쁘게 할 만한 다른 모든 사람들도 함께 기쁘게 하고 있음을 알게 될 것이다.

□ **연구 질문**

1. 야심 있는 사람들은 보통 이기적인 동기가 있다. 열망이 거의 없거나 아예 없는 제자는 무엇이 잘못되었는가?

2. 이기적인 야심과 가치 있는 열망 사이에는 어떤 차이가 있는가?

□ **성경 탐구**

1. 이 장에선 그리스도를 위한 위대한 열망을 가질 것을 얘기한다. 다음의 성경 구절에 영감을 얻어 오늘 내가 품을 수 있는 위대한 열망은 무엇인가?

고후 5:9, 딤전 3;1, 막 10;43, 롬 15:20-21, 요 17;4, 히 10:7

주님께 무언가 드릴 때 우리는 계산적으로 판단하는가?
그분의 마음은 우리가 사랑을 져버릴 때 몹시 아파 하시
며 그의 역사하심은 그 사랑이 없어질 때 약해진다.

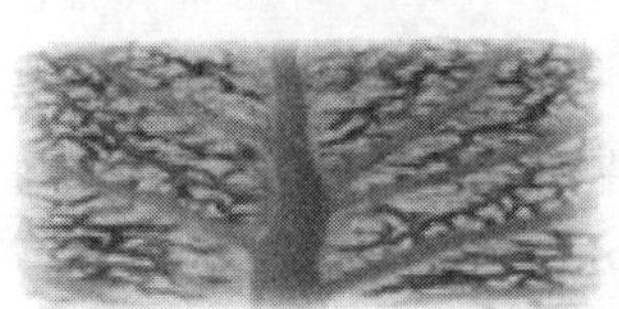

9

제자의 사랑

매우 값진 향유 곧 순전한 나드 한 옥합........
그것은 삼백 데나리온도 더 되는 값에 팔릴 수 있었다. – 막 14:3, 5

마가복음 14장 1-9절에 기록된 사건에서 어떤 여인이 값비싼 향유 옥합을 깨뜨려서 예수의 머리에 부었는데 이것은 사랑의 낭비에 관한 찬란한 본보기이다. 십자가의 그림자가 너무 가까이 다가왔을 때 주님이 받으셔야만 했던 위로와 기쁨을 돋보이게 한 사건의 정황이다.

이 아름다운 행위는 "대제사장들과 서기관들이 예수를 궤계로 잡아죽일 방책"을 구할 때였다 (1절). 종교인들의 무자비한 증오가 한 제자의 헌신된 사랑에 어두운 배경으로서 비춰졌다.

이 장면에 이어 앞에서와 똑같이 우울한 기록이 나온다. "열둘 중에 하나인 가룟 유다가 예수를 넘겨 주려고 대제사장들에게 가매, 저희가 듣고 기뻐하여 돈을 주기로 약속하니 유다가 예수를 어떻게 넘겨 줄 기회를 찾더라"(10-11절).

이 두 가지 야비한 사건 사이에서 주님의 생애 중 가장 감동적인 장면 중 하나가 일어났다.

그 무명의 여인이 누구인지는 많이 논의되었으나 베다니의 마리아일 것이라는 생각에 몇 가지 타당한 근거가 있다. 그리고 필자도 그 의견을 따를 것이다.

복음서에서 여자들은 종종 주님에게 특수 사역이었으며 이것도 그런 경우 중 하나였다. 그 지역에서 당시 손님이 오면 머리에 기름을 몇 방울을 뿌리는 것이 관습이었다. 그 기름 값은 푼돈에 지나지 않았을 것이다.

문둥이 시몬의 집에 주님이 초대받아 식사 대접을 받았다. 시몬이 마르다, 마리아, 나사로의 아버지였을까? 문둥병 때문에 다른 집에서 살았을까? 이에 대한 해답은 성경에 나와 있지 않다.

예수께서 식사를 하고 계실 때 마리아가 "매우 값진 향유 곧 순전한 나드 한 옥합을 가지고 와서 그 옥합을 깨뜨리고 예수의 머리에 부었다"(3절).

이 향유는 세상에서 가장 비싼 아주 향기로운 기름이었다. 어떤 성분은 저 멀리 히말라야에서 난 것이어서 왕족이나 아주 부자들만 쓰는 것이었다. 마가는 그 값이 1연치 임금보다 더 나간다고 기록한다.

잠깐 멈춰서 평균 노동 임금을 생각해 보면 마리아가 드린 사랑의 표현이 얼마 정도 되는지 짐작이 갈 것이다. 중요한 것은 주님의 머리에 몇 방울만 떨어뜨린 것이 아니라는 사실이다. 아름다운 옥합의 주둥이를 깨고 아낌없이 그분의 머리에 향유를 모두 쏟아 부은 것이다.

제자의 판단

그것은 순전한 낭비였다. 몇 방울만으로 충분했을 텐데 그녀는 왜 그렇게 허비했을까?

차가운 계산과 절약, 인색으로 따지자면 그 경우에 얼마 만큼이면 충분한지를 규명할 것이다. 그들에게는 이익과 손실의 문제였다. 마리아에게는 그녀의 인생에서 다시없는 순간이었으며 주님을 향한 그녀의 순수한 사랑을 고백하는 장면이었다.

마리아가 그들의 말대로 향유 몇 방울만 썼다면 이 사건은 수세기를 전해 내려올 수도 없었고 주님께 그렇게도 많은 것을 의미하는 사랑의 표현에 자극받을 사람도 없었을 것이다. 우리는 그분께 무언가 드릴 때 계산적으로 판단하는가? 그 나라의 이익에 우리가 드리는 시간과 힘의 비용을 신중하게 재가면서 말이다. 그분의 마음은 우리가 사랑을 버릴 때 몹시 아파하시며 그분의 역사 하심은 그 사랑이 없을 때 약해진다.

다윗이 아리우나의 타작마당을 선물로 받지 않겠다고 거부한 것이 그와 같은 예이다. "값 없이는 내 하나님 여호와께 번제를 드리지 아니하리라"고 주장했다 (삼하 24:24).

"왜 이 향유를 허비하였는가?"

그것은 낭비였다. 시장에다 팔면 나오는 돈으로 무언가 유용한 일을 왜 하지 않는가? 왜 실용적이지 않는가? "우리는 사람을 섬김으로써 하나님을 가장 잘 섬기게 된다." 저 수많은 가난한 사람들이 그것으로 배불리 먹었을 것을 생각해 보라! 맞는 말이다. 많은 사람들을 도와줄 수 있었을 것이다. 그런데 감사하게도 그것을 팔지 않았다.

예수님의 사역에서 그분은 가난한 자들의 곤경에 많은 관심을 가지셨다. 그들의 영적 필요뿐만 아니라 물질적 필요를 위해서도 끊임없이 사역하셨다. 그들이 그녀를 그렇게 혹독하게 비난했을 때 마리아의 마음은 많이 다쳤을 것이다.

그녀에게는 여러 가지 선택권이 있었다.

(1)향유를 팔아 현금으로 바꿔서 그것으로 뭔가 "유용한" 일을 하거나

(2)그것을 저축해서 노년에 대비한다거나

(3)주님의 눈에 보시기에 아름답도록 자신을 가꾸는 일에 쓸 수 있었으며

(4)너무 오래 두어서 쓰지 못하게 될 수도 있었다.

주님과 우리의 관계에서 우리에게도 이와 유사한 선택권이 있지 않은가?

"이런 쓸데없이!" 캠브리지의 똑똑한 젊은 학자 헨리 마틴(Henry Martyn)이 20대에 수학계에서 전세계가 알아주는 최고의 상을 수상했을 때, 창창한 출세의 길을 버리고 7년의 선교 사역으로 갔을 때 많은 사람들이 그렇게 반응했다. 그러나 그 7년 동안 그는 동양의 주요 언어 세 가지로 신약을 번역했다.

"이런 쓸데없이"라고 하는 소리를 윌리엄 보든(William Borden)도 들었다. 그는 보든 가의 수십 억대 상속자였는데 황홀한 장래성에 등을 돌리고 이슬람권 선교사가 되어 현장에 도착하기 전에 죽었다. 그러나 그의 전기("Borden of Yale")가 선교 현장의 수천 명에게 영향을 미쳐 풍성한 열매를 맺는 '허비'로 입증되었다.

어쩌면 하나님은 우리처럼 그렇게 경제적이고 실리적이지 않다. 그분의 창조물에서 보면 얼마나 낭비이고 대범한가? 그러나 현금으로 측정할 수 없는 마음과 영혼의 것들이 있다.

그분을 향한 단순한 사랑에서 섬길 때 허비하는 것 같고 지나치게 소비하는 것으로 보이는 부분들이 우리에게 얼마나 있는가? 우리 자신을 드리는 것에 인색하고 계산적인가? "부족하게 심는 자는 부족하게 거둘 것이다."

그녀 자신의 판단

그 향유 옥합은 그녀에게 소중한 것이었다. 대대로 물려받은 가보일 수도 있다. 꼭 그것을 주님께 다 써버릴 필요가 없었다. 자신을 위해 얼마든지 쓸 수 있었다. 그러나 그렇게 하지 않았다.

우리는 하나님께 받은 선물을 자신의 치장에 쓰는가 아니면 그분의 발에 붓는가? 마리아는 자발적이었으며 계산적이지 않았고 헌신적인 사랑을 드렸다. 그녀의 가장 큰 기쁨은 가장 귀한 보물을 극진히 사랑했던 분께 드리는 것이었다.

OMF의 선교사 중 하나가 암으로 죽어가고 있었다. 암을 발견했을 때 그녀의 외동딸이 선교사로 막 파송될 때였다. 당연히 그 딸은 어머니 곁에서 간병을 하기 원했다. 어머니는 스스로를 위해 자신의 "향유 옥합"을 간직해 둘 수 있었지만 그 아름다운 방향이 자기 하나 때문에 못쓰게 될 수 있었다. 딸이 출발을 연기하지 않도록 했다. 머나먼 땅의 그리스도가 없는 사람들은 자신보다 더 큰 필요가 있었다. 너무 소중하기 때문에 예수님께 드리지 못할 것이 그녀에게는 아무것도 없었다.

그리스도의 판단

예수님은 제자들이 마리아를 비난했던 만큼이나 날카롭게 꾸짖으셨다. "가만두어라 너희가 어찌하여 저를 괴롭게 하느냐 저가 내게 좋은 일을 하였느니라 가난한 자들은 항상 너희와 함께 있으니 아무 때라도 원하는 대로 도울 수 있거니와 나는 너희와 항상 함께 있지 아니하리라"(6-7절).

물론 우리는 가난한 이들을 돌봐야 하지만, 자신의 고향에서 멀리까지 오신 하나님의 아들은 어떤 개인적인 사랑의 표현을 바라셨다. 그분께만 해 드릴 수 있는 순전한 헌신적 사랑을 말이다. 그리고 마리아가 예수님께 그렇게 해 드렸다. 그렇지 않았으면 향유를 쏟아 부은 것이 무의미했을 것이다. 지금도 마리아와 같은 마음을 가진 사람을 찾으실 때 여전히 주님 가슴에 크게 남을 것이다.

"그녀는 자신이 할 수 있는 것을 했다"고 그녀의 행동에 대해서 말씀하셨다. 여자이기 때문에 그녀가 할 수 없던 일이 많았다. 그러나 그녀는 자신이 할 수 있는 일을 했다. 그녀는 예수님께서 높이 평가하실 수 있을 때, 그렇게 사랑을 드렸다.

9절에서 그리스도의 예언은 놀랍게 성취되었다. "내가 진실로 너희에게 이르노니 온 천하에 어디서든지 복음이 전파되는 곳에는 이 여자의 행한 일도 말하여 저를 기념하리라 하시니라." 이 말씀이 암시하는 바는 그분의 제자들이 복음을 "온 천하에" 전파할 것에 대한 강력한 확신이다. 그리고 우리는 그 약속을 받은 자들이다. 그 깨어진 옥합에서 나온 향이 2000년이 지난 우리에게도 전해졌다.

그녀의 행동은 동료들에게 아무런 칭찬도 받지 못했으나, 그녀의 사랑하는 주님께 그것은 사람의 무관심과 증오의 사막 한 가운데에서 느끼는 가슴 후련한 오아시스였다.

우리는 오직 그분만을 위한 순수한 사랑에서 향유 옥합을 비운 적이 있는가? 우리의 모든 봉사보다 이것을 그분께서 소중히 하시는 이유는 향기로운 섬김 뒤에 있는 사랑 때문이다.

□ 연구 질문

1. 제자들은 그 향유 옥합에 대해서 왜 그렇게 안달을 했는가?

2. 예수님 만을 위한 순수한 사랑에서 한 행위나 선물을 드린 것은 언제인가?

□ 성경 탐구

1. 예수님은 우리를 위해 목숨까지도 내놓으셨는데, 아직도 그 분을 위해 무엇을 드리는 데 있어서 망설이고 있는가?
마가복음 14;3-7을 읽고 내가 그분께 드릴 가장 귀한 것은 무 엇인가?

사람은 자신이 존경하는 사람과 같이 되고자 하는 경
향이 있다. 그리스도를 한 번 쳐다보면 구원을 얻을 것
이다. 그러나 성화에 이르기 위해서는 그분을 뚫어지
게 바라 보아야 한다.

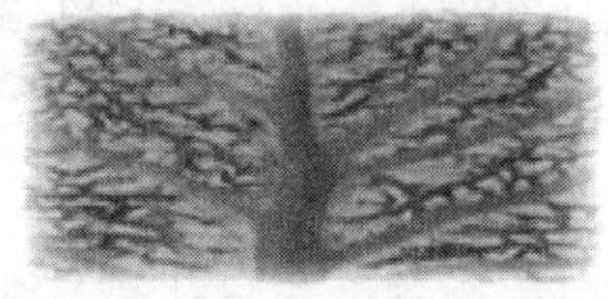

10

제자의 성숙

그리스도의 초보를 버리고 . . . 성숙함에 이르자. — 히 6:1

개인적인 삶과 그리스도인의 섬김에서 모두 예수님의 온전한 인성을 드러낼 제자들을 생산하는 것이 하나님께서 밝히신 목적이다. 이것은 멋진 기대치이다. 그러나 주님의 삶을 볼 때, 그것은 우리의 달성 수준보다 한참 위에 있어서 자신의 더딘 진보에 쉽게 실망하게 된다.

하나님께서 계획하시는 성숙은 영적인 생활에만 제한되지 않는다. 우리의 몸으로 살아내야만 하기 때문이다. 이 말은 하나님께 모든 것을 맡기자(Let Go and Let God)는 것 이상을 의미하며 우리 쪽에서의 도의적 노력이 개입된다. 도의적 노력이지 순수하게 자기 노력은 아니다.

웨스트코트(Bishop Westcott) 감독은 히브리서 주석에서 그 점을 제시한다. "'그리스도 도의 초보를 버리고......성숙함에 이르자'는 말씀은 세 가지로 번역될 수 있으며 모두가 위험에 대한 경고이기도 하다."

우리는 너무 금방 멈출 수 있다

우리는 이미 다다랐다고 느낄 수 있다. 그러나 히브리서 기자는 바울과 같이 자기 만족을 무시한다. "내가 이미 얻었다 함도 아니요 온전히 이루었다 함도 아니라..." (빌 3:12). 안 된다! "우리 전진하자." 올라갈 고지가 아직도 남아 있다.

마가와 같이 우리는 방해 세력에 굴복하여 짐을 내려놓을 수 있다·

안 된다! "우리 계속 밀어 헤치고 나아가자."

우리가 홀로 성취해야만 한다고 느낄 수 있다

아니다! "하나님께 의지하자." 영적인 성숙을 추구하면서 우리는 삼위 일체 하나님의 협조를 받아야 한다. 하나님은 우리의 하찮은 노력으로 어떻게 해 보도록 방치해 두지 않으신다. 약속하신 성령님의 역사는 우리가 그분의 기쁘신 뜻을 행할 수 있도록 한다.

본문의 풍성한 의미를 전달하려면 이 세 가지 의미를 모두 써야 한다. 영적인 성숙은 육체적인 것과 마찬가지로 하룻밤 새에 이룰 수 없다. 전 생애에 걸쳐 지속되는 역동적인 과정이다.

성숙을 돕는 분

마치 배우는 학생과 같이 포부를 가진 제자는 차근차근 작업해 나갈 준비가 되어 있어야 한다. 당장 성숙해지는 비결 같은 것은 없다. 하나님의 학교를 졸업하려면 대학에서 학점을 이수

하듯이 동일한 근면함과 훈련이 수반될 것이다.

우리가 스스로 해야 할 분명한 것들이 있다. 하나님이 우리를 대신해서 해 주지 않을 것들이다. '하나님께 모든 것을 맡기자'는 것이 진리의 단면을 강조하는 반면 중요한 부분이 빠지는 위험이 있을 수 있고 해로운 수동성을 일으킬 수 있다. 자기 훈련과 인내는 없어서는 안될 요소이다.

학문, 음악, 운동과 같은 분야에서 탁월하려면 교사가 혼자 해서 될 일이 아니다. 배우는 사람의 적극적인 협력이 있어야 하고 강력한 동기 부여와 신중한 자제력이 없이는 이루어질 수 없다.

그리스도의 주권에 대한 순종이라는 필수 불가결한 처음 단계를 밟기까지 그리스도인의 성숙에서 급속한 성장은 이루어지지 않을 것이다. 생활에서 그분께 최고의 자리를 드렸는지 판단할 수 있는 주요 질문은 "누가 결정권을 쥐었는가?"이다.

어떤 힘이 우리를 성숙하게 만들 것인가? "우리가 다 수건을 벗은 얼굴로 거울을 보는 것같이 주의 영광을 보매 저와 같은 형상으로 화하여(transformed) 영광으로 영광에 이르니 곧 주의 영으로 말미암음이니라" (고후 3:18).

객관적인 수단인 "주의 영광을 보는 것"이 '그것을 실천하는 제자가 저와 같은 형상으로 변화되는' 주관적인 결과를 낳는다. 사람은 자신이 존경하는 사람과 같이 되고자 하는 경향이 있다. 로버트 머레이 맥케이니(Robert Murray McCheyne)는 이렇게 말하곤 했다. "그리스도를 한 번 쳐다보면 구원을 얻을 것이다. 그러나 성화에 이르는 것은 그리스도를 뚫어지게 바라보는 것이다." 이것은 물론 성령께서 우리의 변화를 이루실 수 있도록 따로 떼어놓는 시간을 의미한다.

우리가 성경에 나타난 그리스도를 바라보는 데 시간을 들이고 그와 같이 더욱 되고 싶어할수록 성령님은 고요하게 조금씩 변화를 이루어 가신다. 그분은 우리의 염원(aspiration)을 크게 하여 이루시고 또한 우리가 책임에 반응하여 주님의 은혜와 덕을 나타내고 전할 때 성취하신다.

외적인 훈련을 받아들이는 것

인생에서 어떤 경험은 성숙하는 과정을 크게 가속화시킨다. 세 명의 유대 청년은 (단 3:16-29) 자신들을 위해서 간섭하지 않으신 하나님 때문에 당황했어야 함에도 불구하고 불타는 용광로 속에서의 경험으로 급속히 성숙했다. 그리고 우리가 부딪히는 시험에서도 그럴 수 있다. 하나님의 징계(훈련)가 독인지 아니면 축복인지, 그것이 달지 아니면 쓸지는 우리의 태도가 결정할 것이다.

쌔뮤얼 러더포드(Samuel Rutherford)는 이렇게 썼다. "오, 주님의 용광로와 불, 그리고 쇠망치에 내가 얼마나 은혜를 입었던가!" 하나님은 꼼꼼한 배려로 우리 삶의 환경을 정하신다. 그분은 결코 실수하지 않으신다.

영적인 성숙함이 있는지 없는지는 변화하는 생활 환경에 대한 우리의 태도에 드러난다. 너무나 자주 사람들은 근심하고, 분노하며, 좌절하고, 비통해 하지만 하나님의 계획은 언제나 우리의 영적인 성장을 위해서이다. "저희는(이 땅의 우리 아버지들은) 잠시 자기의 뜻대로 우리를 징계하였거니와 오직 하나님은 우리의 유익을 위하여 (우리를 징계하시고) 그의 거룩하심에 참여케 하시느니라" (히 12:10). 어떤 사람이 이렇게 말했다. "역경을 통해서 오는 성숙이 어느 정도 있기 마련이다. 사람이 조금도 고생하지 않으면 어른이 되지 못할 것이다!"

이 진리에 대한 바울의 간증은 모진 경험 중에 나온 것이다.

고린도후서 11장 23-28절, 그가 당한 고난의 내용을 읽고, 이렇게 고백하는 말을 들어 보라.

이것이 영적인 성숙이다. 말할 것도 없이, 하룻밤 사이에 갑자기 바울이 그런 승리의 경지에 도달하지 않았다. 그것은 큰 대가를 지불하며 배우는 과정이었다. 그러나 성령님께 철저히 의지하여 그는 참으로 어려운 교훈을 터득했다. 우리도 바로 그 성령님 때문에 그와 똑같은 은혜로 가능하다.

장년 그리스도인들의 모임에서 말씀을 전하는 이가 이렇게 말해서 사람들을 자극했다. "여러분의 문제는 동맥이 아니라 태도에 있습니다." 이 말은 작은 진리에 그치지 않는다. 윌리엄 바클레이(William Barclay)가 최근에 남편을 잃은 여인에 대해 얘기했다. 한 인정 많은 친구가 위로하려고 이렇게 말했다. "슬픔이란 것이 인생을 물들이죠?"

"예, 정말 그래요. 하지만 저는 색깔들을 택할 작정입니다!"라는 대답이었다. 그녀는 슬픔을 극복하고 건강을 회복했다. 그녀가 선택한 색깔은 검정색도 자주색도 아니었다.

초대 교회 당시 인생의 시험과 고난을 받아들이는 태도에는 네 가지가 있었다.

첫째, **운명론자**는 무슨 일이 일어나건 간에 피할 수 없고 바꿀 수 없는 것으로 생각해서 왜 그것에 대항하여 싸우겠느냐는 태도였다. 그것을 무시하면 왜 안 되는가? 이슬람교의 운명론자는 이렇게 간단히 처리해 버린다. "그것은 알라의 뜻이다!"

둘째, **금욕주의자**의 생각은 사람이 그것에 대해서 아무것도 할 수 없으므로 스스로를 단련하고 환경을 문제삼지 않으며 환경이 최악으로 치닫도록 한다.

셋째, **향락주의자**의 태도는 이렇다. "우리는 내일 죽을 테니 먹고 마시고 즐기자." 삶의 육욕적인 쾌락에 탐닉하여 고통을 덜어보자는 것이다.

넷째, 그러나 **성숙한 제자**는 피할 수 없고 바꿀 수 없는 하나님의 뜻을 무서워서 감수하는 것을 훨씬 넘어선다. 하나님의 뜻을 받아들일 뿐 아니라 눈물을 겪는다 하더라도 그것을 기쁘게 기꺼이 받아들이는 것이다.

바울이 환경을 지배하는 점에 있어서 그것은 한 과정이지 어떤 결정적 고비가 아님을 주목하라. 그는 풍부에서 부족함까지 모든 환경을 이겼다. 그가 고백한 그 비밀은 빌립보서 4장 13절에 있다. "내게 능력 주시는 자 안에서 내가 모든 것을 할 수 있느니라." 그가 승리하고 자족할 수 있었던 것은 그리스도와의 살아 있는 연합 때문이었다. 그는 어려운 환경에서 피하지 않고 그저 그것을 품고 자신의 영적 성숙에 기여하도록 만들었다. 그는 그리스도께 전적으로 의지했기(dependent) 때문에 환경에서 자유로울 수(independent) 있었다.

유혹에 대한 올바른 태도 개발

하나님은 사탄에게서 오는 유혹까지도 사용하여 강하고 성숙한 인격을 만드신다. 영어 성경 킹 제임스 버전에서 'temptation(시험)'은 하나님과 사탄의 활동에 모두 쓰인다. 원어에서 두 개의 비슷한 헬라어와 히브리어 단어를 썼으나 각각 다른 의미를 가진다.

(1)시험하다(test). 순금에서 불순물과 혼합물을 분리하는 제련 과정에서 일어나는 것과 같다. 이 시험은 하나님이 주신 것으로 언제나 좋은 의미로 쓰인다.

(2)부추기거나 (진상을) 규명하다. 공격을 할 때 약한 부분을 찾아내기 위한 것이다. 이것은 거의 언제나 나쁜 의미에서 쓰인다.

하나님은 결코 악을 위하여 사람을 시험하지 않으시기 때문에 (약 1:3) 이것은 사탄의 활동이다.

요셉의 경험에서 두 가지 양상이 동시에 일어났고 두 가지 상충되는 체험을 겪을 수 있었다. 요셉은 자신의 과거를 돌아보면서 형들에게 이렇게 말할 수 있었다. "형들은 나를 해하려 하였으나 하나님은 그것을 선으로 바꾸셨습니다" (창 50:20).

사탄은 제자가 죄를 짓도록 부추기고 나쁜 길로 유혹한다. 하나님은 제자가 입증된 순금의 인격을 열매 맺도록 시험하시며 더 큰 영적 성숙으로 인도하신다. 야고보는 시험에 대한 올바른 자세를 권면한다. "내 형제들아 너희가 여러 가지 시험을 만나거든 온전히 기쁘게 여기라 이는 너희 믿음의 시련이 인내를 만들어 내는 줄 앎이라……시험을 참는 자는 복이 있도다" (약 1:2, 3, 12).

시험에 대한 고전적인 말씀은 이것이다.

> 사람이 감당할 시험밖에는 너희에게 당한 것이 없나니 오직 하나님은 미쁘사 너희가 감당치 못할 시험 당함을 허락지 아니하시고 시험 당할 즈음에 또한 피할 길을 내사 너희로 능히 감당하게 하시느니라 (고전 10:13).

이 본문은 시험받은 영혼을 위로하는 말로 가득 차 있다. 시험의 시간에 큰 돛 받침줄을 공급하실 하나님에 대하여 네 가지를 말해 준다.

그분은 신실하시다

하나님께서 도와주시고 지켜주시도록 믿음을 잃지 않고 바라보는 사람을 하나님은 버리지 않을 것이다. 하나님은 그분의 말씀에 절대 확실하게 정확하시다.

그분은 주권을 가지고 다스리신다

하나님은 인생의 환경을 지배하시며 시험의 강도를 제한하실 것이다. 왜냐하면 우리 각자의 "부담 한계"를 아시기 때문이다. 이 말은 우리가 아무리 큰 부담이라도 견딜 수 있으리라는 보장을 해 준다.

그분은 공평하시다

그는 "사람에게 공통된" 시험을 할당하신다. 뜨거운 시험 속에서 많은 이들이 자기만 그런 시련을 겪고 있다고 느끼지만 사실은 그렇지 않다. 시험이 엄밀하게는 다를지라도 같은 원리이며 벗어날 구멍은 모두에게 똑같이 열려 있다.

그분은 권능의 하나님이다

그분은 온갖 시험에서 벗어날 길을 갖고 계신다. 그 문을 여는 열쇠는 가까이 걸려 있다. 패배를 피할 수 있다. "감당하다" 또는 "견디다"를 바꿔 말하면 "상처를 입지 않고 통과하다"는 뜻이다. 그러나 우리는 원수의 올가미와 책략에 조심해야 한다. 그의 방식은 교활하고 음흉하기 때문이다.

우리의 원수는 타이밍을 영리하게 선택한다. 엘리야가 신체적으로 감정적으로 완전히 탈진했을 때 실의와 패주에 대한 시험이 왔다. 요셉은 주인집에 아무도 없어서 아무도 알아채지 못할 때 보디발의 아내에게 유혹을 받았다. 요나는 하나님을 피해 도망하려고 욥바로 갔을 때 마침 다시스로 가는 배를 만났다. 다윗은 왕의 직무를 무시하고 잘못된 휴식에 탐닉하고 있을 때 유혹을 받았다. 예수님은 40일 동안 금식하고 견딜 수 없는 영적 압박감 속에 있을 때 유혹을 받았다.

사탄은 극악 무도한 솜씨로 각 상황마다 호기를 노려 최대의 충격을 주려한다. 그래서 베드로가 한 경고의 말씀이 얼마나 중요한지 모른다.

"근신하라 깨어라 너희 대적 마귀가 우는 사자같이 두루 다니며 삼킬 자를 찾나니" (벧전 5:8).

올바른 습관 양성

어떤 의미에서 인생은 습관을 기르고 습관을 깨는 것으로 대개 이루어지는데, 우리 모두가 습관의 노예이기 때문이다. 우리는 무의식적으로 언제나 습관을 형성하고 깨기 때문에, 이 삶의 영역은 그리스도께서 다스리시도록 해야 한다. 이것은 영혼의 교육에서 필수적인 부분이다.

회심 후에 우리는 더 이상 재생하지 않는 인격이 아님을 기억하는 것이 좋다. 바울이 이렇게 말했다. "그런즉 누구든지 그리스도 안에 있으면 새로운 피조물이라 이전 것은 지나갔으니 보라 새것이 되었도다" (고후 5:17). 우리에게 이제 성령님이 내제하시며 그분의 최고 소원은 우리가 그리스도와 같이 되는 것이다. 그 목적을 위해 하나님은 충동과 힘 둘 다 공급하신다고 약속하셨다.

"너희 안에서 행하시는 이는 하나님이시니 자기의 기쁘신 뜻을 위하여 너희로 소원을 두고 행하게 하시나니" (빌 2:13).

우리의 임무는 습관을 형성하고 깨는 일에 이들 진리와 약속을 관련시키는 것이다.

우리는 모두 나쁜 습관을 갖고 있고 어떤 것은 드러나게 잘못된 것일 수도 있다. 어떤 이들은 타고나면서 잘못된 것이 아닐 수 있는데 나쁜 버릇이 있다. 가령 시간을 제대로 지키지 않는 습관을 보자. 어떤 사람들은 항상 늦는다. 본인 때문에 다른 사람들의 시간이 소모되는 것에는 조금도 관심이 없는 것 같다. 뿌리 깊은 습관이 되어 버렸다. 그런 사람들은 자신의 잘못 때문에 다른 사람들에게 미치는 결과를 심각하게 직면해야 한다. 10분 일찍 앞당겨 하는 결심을 단단히 세우고 옛 습관을 깨뜨리면서 새것을 형성해야 할 것이다. 새롭고 좋은 습관을 형성하는 데 성령님의 도우심을 늘 받을 수 있다. 하지만 그것을 해야 하는 것은 우리 자신이다. 하나님이 나 대신 움직여 주시지 않는다. 그것은 파트너십이다.

하나님은 흙과 씨앗, 비를 주신다. 사람은 기술, 수고, 땀을 드려야 한다. 즉 제자는 그 안에서 행하시는 하나님을 따라 애써서 성취해야 한다 (빌 2:12, 13).

영혼의 훈련에서 지속적인 경건의 생활을 유지하는 것보다 더 중요한 습관은 없다. 하나님과의 교제를 위해 규칙적으로 떼어 두는 시간이다. 모든 사람이 쉽게 깨닫는 것은 아니지만 그 중요성과 가치는 두말 할 나위가 없다. 그렇기 때문에 우리의 원수가 끊임없이 그 습관을 공격 표적으로 삼을 것은 마땅히 예상해야겠다.

항상 가능하지는 않을지라도 하루의 첫 시간을 지키는 데에 영적으로나 필연적인 가치가 다 있다.

혹은 어떤 말 한 마디나 행동도
그 순백의 두루마기를 더럽혔으니,
예수님께 새 날을 가져와

모두 드리세
그러면 기록을 두려워말지니
그분께서 틀림없이 쓰시리니,
예수께서 무엇을 하시든지
그것은 옳을 것이고 옳음에 틀림없네.

새벽 시간을 제외하고는 매일 해야 할 일과가 있다. 종종 정해진 일과 외에 일들이 아침에 끼어들기도 하지만 이 땅의 스모그와 안개를 들이마시기 전에 천상의 향기를 내 속에 불어넣는 정기적인 계획을 세우는 것이 가장 유용하다.

경건의 시간에는 그 날 사람들을 만나기 전에 혹은 어려운 문제에 부딪히기 전에 마음을 조절할 수가 있다. 그 날의 의무와 책임을 하나님께 맡길 수 있다. 그 날 종일 묵상할 성경 말씀을 암송할 수 있다. 그 날 읽은 것에서 특별한 메시지나 생각을 발견하도록 깨어 있어야 한다.

성경은 인도하는 원칙, 순종할 명령, 귀 기울일 경고, 따를 본보기, 선포할 약속을 담고 있음을 기억하면서, 성경의 원리를 일상 생활에 하나하나 적용할 수 있다.

경건의 시간 기도에서는 먼저 하나님의 임재하심을 인식하도록 구해야 한다. 그분께서는 이 말씀으로 우리에게 힘을 주셨다. "하나님을 가까이하라 그리하면 너희를 가까이 하시리라" (약 4:8). 하나님과의 친교(communion)는 두 가지 면이 있으므로, 하나님의 음성을 듣기 위한 침묵도 필요하다.

소리를 내어 기도하는 것이 집중에 도움이 된다면 그렇게 기도하라. 사생활 보호를 원한다면 자기 내면 속으로 들어가라. 저녁에 그 날을 돌아보면서 고백과 감사를 드리며, 나의 마지막 생각이 하나님의 것이 되도록 한다.

□ **연구 질문**

1. 환경과 유혹이 어떻게 우리를 성숙하도록 도울 수 있는가?

2. 본인이 길러야 할 가장 필요한 새로운 습관은 어떤 것이 있는가?

3. 좀 더 섬기고, 열망 있고, 사랑하며 성숙한 제자가 되기 위해 이번 주에 할 수 있는 것은?

□ **성경 탐구**

1. 성경은 시험에 부딪혔을 때의 올바른 자세에 대해서 자주 언급하고 있다. 영적으로 가치 있는 시험이 되기 위해서 갖추어야 할 태도를 성경은 어떻게 말하고 있나?

벧전 5:8, 빌 2:12,13, 빌 4:11-13, 약 1:2,3,12, 약 4:8, 히 12:10

상을 타기를 열망하는 운동 선수는 자기가 하고 싶은 대로 살지 않는다. 운동 선수들의 훈련과, 자기 절제, 희생에 박수를 보내는 것처럼 훈련된 그리스도의 제자에게도 강도높은 훈련이 있어야 한다.

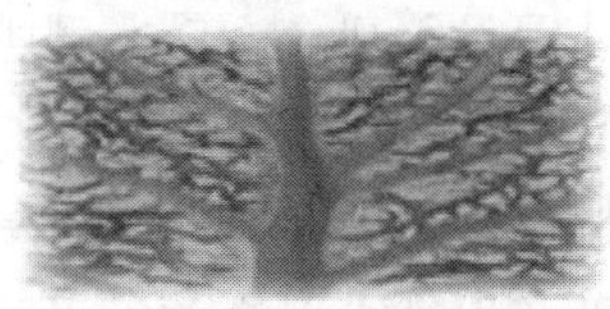

11

제자의 올림픽

오직 경건에 이르기를 연습하라. - 딤전 4:7

올림픽 게임은 종교적인 것과 대개 무관하지만, 1956년 호주 멜버른(Melbourne)에서 열렸을 때는 주목할 만한 예외였다. 눈부신 개막식의 두드러진 특징은 대 합창단이 헨델의 메시아 "할렐루야"를 부르는 인상 깊은 장면이었다.

그리스인들은 본래 이방인들이었으나, 제자들은 올림픽이 가장 유명한 범그리스의 경기에서 배울 것이 많다.

신약의 기자들, 특히 바울은 경기하는 운동 선수의 훈련 및 시합과 그리스도인의 의무 및 특권 사이에 많은 유사점을 이끌어 낸다. 바울이 염두에 둔 것은 코린트(고대 그리스의 상업과 예술의 중심지 - 역주) 지협 게임(Isthmian Games)이었을 가능성이 가장 높은데, 이것은 3년에 한 번씩 고린도에서 주최했다. 그는 스포츠에서 벌어지는 경쟁과 패기에 익숙했으며 신약에만 50회 이상 언급하고 있다.

그 게임에 출전하는 모든 만만치 않은 참가자들은 지금과 같이 경쟁자들을 제치고 우승을 위해 뽑힌 사람들이다. 오직 목표는 자신의 특별한 경기에서 상을 타내는 것이다.

최근에 필자는 뉴질랜드 출신의 어린 사이클 선수가 녹초를 만드는 경주에서 승리하고 세계 기록을 경신한 것을 보았다. TV 스포츠 해설가가 청한 인터뷰에서 그는 이런 질문을 받았다. "장래에 어떤 목표가 있습니까?" 조금도 주저하지 않고 대답이 튀어나왔다. "전 세계에서 최고의 사이클 선수가 되는 것이 제 목표입니다."

그는 자신의 열망을 실현하기 위해서, 훈련에 들어가는 어떤 대가도 치를 준비가 되어 있었다. 그것은 혹독한 훈련이며, 사회 생활의 상실이고 많은 영역에서의 자기 부정이다. 그리고 그 모든 것이 금메달 아니면 심지어 동메달을 위한 것이다. 그리스도를 위한 탁월함을 위해 그런 확고한 야심을 가진 제자는 왜 그렇게 적을까? 우리는 시간을 들여서 영적으로 강건하기를 위해 수고하는가? 아니면 우리는 나약하게 자라서 맥이 없는가?

스미나(Smyrma)의 감독 폴리카프(Polycarp)는 죽기 얼만 전에 이렇게 기도한 적이 있다. "오 하나님, 저로 견디고 승리하는 예수 그리스도의 참된 경기자가 되게 하옵소서." 그의 기도는 그의 순교로 응답되었다. 스포츠 성향이 강한 오늘날도 선수의 대부분은 TV에 나오는 경기자들뿐이고 참가자는 아주 소수이다. 불행하게도, 교회의 경우도 마찬가지이다.

없어서는 안 되는 훈련

육체의 연습은 약간의 유익이 있으나 경건은 범사에 유익하니 금생과 내생에 약속이 있느니라 (딤전 4:8).

바울은 고린도 형제 자매들에게 쓰는 편지에서 "운동 시합을 하는 모든 경기자들이 만만치 않은 훈련을 하며, 선수들은 시들어 버리는 월계관을 위해 무시무시한 고통을 겪는다"는 말을 한다 (고전 9:25). 올림픽 게임에 참가하는 선수는 규정상 반드시 10개월의 혹독한 훈련을 거쳐야만 했다. 어떠한 예외도 허용되지 않았다.

그 10개월 동안, 그들은 엄격하게 훈련된 삶을 살아야 했다. 연습에 영향을 미칠 수 있는 어떤 취미나 오락 등도 삼가며 정상적인 욕구들에 고삐를 달듯이 제어하면서 말이다. 균형 잡힌 식사를 하고 모든 불필요한 지방은 제거해야 했다. 우리 시대에 더 대중적인 생각은 "자기 고유의 것을 하라. 좋게 느끼면 그것을 하라"이다. 그리스도의 경기자들은 이런 식으로 만들어지지 않는다.

호레이스(Horace)가 경기의 실제 규칙을 기록했다.

"평상시 생활이지만 음식을 삼가야 한다. 간식류는 끊을 것. 반드시 정해진 시간에 아주 더울 때와 추울 때 운동을 할 것. 찬물이나 포도주를 함부로 마시지 말 것. 선수는 자신을 훈련 지도자에게 보이고 나서 경기에 임한다."

엄격하지 못하고 훈련되지 않은 제자에게 이 말은 얼마나 도전적인지 모른다.

사실상 훈련되지 않은 제자란 것은 있을 수 없다. 훈련(discipline)과 제자(disciple)는 같은 어원에서 나오는데 현대 사회에서는 제자가 미운 오리새끼가 되어 버렸다.

오늘날 성령님에 대해서는 다들 잘 아는 것 같다. 그래야만 한다. 하지만 갈라디아서 5장 22, 23절의 "성령의 열매" 중 절제는 별로 인기가 없는 것 같다. 성령님께서 우리 삶에 강력하게 일하고 계신다는 가장 명백한 증거는 단순히 감정적인 경험에서 뿐 아니라 더욱 더 훈련된 생활 양식에서 드러난다.

몹시 바라는 상을 타기 열망하는 운동 선수는 자기가 하고 싶은 대로 살지 않는다. 그는 이 불경건한 시대의 정신에 대항해서 견고히 설 준비가 되어 있다. 운동 선수들의 훈련과, 자기 절제, 희생에 박수를 보내고 존경할 사람들이, 훈련된 그리스도의 제자에게도 그와 같은 헌신이 있어야 한다고 하면, 들은 척 만 척 한다는 것은 아이러니가 아닐 수 없다.

디모데전서 4장 7절에서 바울이 쓴 "연습(train)"이란 단어에서 체육관(gymnasium)이란 단어가 나온다. 체육관은 운동 선수가 근육을 단련하고 호흡을 늘리며, 유연성을 키우는 곳이다. 성령님은 운동 선수가 체육관에서 연습하듯이 우리 각자가 영적인 영역에서 그렇게 하기를 강력히 권하신다. 아주 많은 사람들이 오늘날 에어로빅을 하고 있는데 참 바람직한 현상이다. 제자들은 영적 에어로빅도 열심히 할 때 그보다 이로울 것이 없다.

평소에 몸이 하고 싶은 대로 해 주면 선수는 몸이 나 경주에서 실패하고 만다. 의지 박약한 운동 선수는 메달을 딸 수 없다. 아우구스티누스(Augustine)는 이것을 알았기에 자주 드린 기도가 있었다.

오 하나님,
나의 하나님께는 타오르는 심장을
나의 동료들에게는 사랑의 심장을
나 자신에게는 강철의 심장을 갖게 하소서.

노인을 위한 올림픽

하나님은 젊은 사람들에게만 초점을 맞추시지 않는다는 사실은 우리같이 나이 든 사람들에게 힘이 된다. 올림픽 경기라고 하면 우리는 자동으로 튼튼한 젊은이들을 연상한다. 그들은 강건한 사람들이다.

그러나 바울은 자신을 경기의 마지막을 가까이 두었으나 아직 훈련 중에 있는 선수로 보았다. 여기 그의 고백이다.

운동장에서 달음질하는 자들이 다 달릴지라도 오직 상 얻는 자는 하나인 줄 너희가 알지 못하느냐 너희도 얻도록 이와 같이 달음질하라……그러므로 내가 달음질하기를 향방 없는 것 같이 아니하고 싸우기를 허공을 치는 것 같이 아니하여 내가 내 몸을 쳐 복종하게 함은 내가 남에게 전파한 후에 자기가 도리어 버림이 될까 두려워함이로라 (고전 9:24-27).

하나님께 감사한 것은 우리 나이든 제자들도 경주에서 예외가 아니라는 사실이다! 회심할 때 우리는 이 경주에 들어섰다. 처음에는 100미터 달리기로 보였을 수도 있으나 사실은 우리의 인내와 영적인 지구력을 시험하는 42.195km 마라톤임을 알 수 있었다. 그리고 지금도 여전히 우리는 상을 탈 수 있도록 "인내로써 우리 앞에 당한 경주를 경주"한다 (히 12:1).

해가 갈수록 느슨해져서 덜 훈련하기가 쉽다. 스스로를 볼 때 정신적으로 게으르고 훈련되지 않았는가? 혹은 경주를 그만둘 수 있는 권리를 얻었다고 느끼는가? 십자가에 못 박힌 이들이 간 길은 그렇지 않다. 그리고 하나님께 중요한 사람들이 간 길도 그렇지 않다.

> 하나님, 애처로운 소리를 내는 겁쟁이,
> 나를 거슬러서 내가 굳게 하옵소서.

올림픽 경기 규정

경기하는 자가 법대로 경기하지 아니하면 면류관을 얻지 못할 것이며 (딤후 2:5).

경기 규정에 숙달하는 것이 운동 선수에게 있어서 첫 번째 해야 할 일이다. 규정을 준수하지 않으면 상을 탈 리가 만무하다. 아우구스티누스(Augustine)는 이 조건을 주장하면서 경주자에게 이렇게 도전했다. "장족의 진보를 할 수 있는데, 당신은 트랙 바깥만 돌고 있지는 않은가?"

포부가 있는 운전사는 도로법 규정을 얼마나 부지런히 익히는가!

우리도 그와 같이 그리스도인의 경주에서 관리 규칙을 부지런히 숙달하고 준수하는가?

그리스도인 운동 선수의 규칙서는 물론 신약성경이다. 그 안에 어떤 것이 가능하고 어떤 것이 안 되는지에 대해서 필요한 모든 지침이 들어 있다. 성서는 올림픽 규정서와 비교가 안 된다. 이것은 경기자가 경주를 마치기에 족한 힘을 주겠다고 약속하기 때문이다. 바울은 그 힘을 이용했으며 결승점에 달해서 이렇게 외칠 수 있다. "내가 선한 싸움을 싸우고 나의 달려갈 길을 마쳤다" (딤후 4:7).

경주의 장애물

바울이 갈라디아 교인들에게 이렇게 썼다. "너희가 달음질을 잘 하더니 누가 너희를 막아 진리를 순종치 않게 하더냐?" (갈 5:7)

목표에 다다르기까지 우리를 빗나가게 하는 많은 세력이 있다. 6000년간의 사악한 경험을 이용하여 우리를 트랙에서 불러내려고 하는 교활한 적이 있다.

그리스 신화 중에 '아틀란타와 히포메네스'라는 재미있는 이야기가 있다. 발이 빠른 아틀란타는 모든 젊은 남자들에게 달리기 시합을 걸었다. 이기는 사람에게는 결혼 승낙을 하겠다는 것이다. 대신 지는 벌칙으로는 죽음이었다. 많은 남자들이 그 도전을 받아들여 경주뿐만 아니라 목숨까지도 잃었으니 그녀는 매우 매력적인 여자였나 보다.

히포메네스도 그녀의 도전을 수락하고는 경주를 시작하기 전에 세 개의 금사과를 몸에 감추었다. 경주가 시작되자 아틀란타가 금방 앞서 달렸다. 그는 금사과를 꺼내 그녀가 달려가는 앞에다가 굴렸다. 금이 번쩍거리자 그녀는 눈이 부셔서 그것을 집어들려고 멈추었다. 그는 그녀를 지나 쏜살같이 내달렸다. 그녀가 재빨리 따라잡아서 또 훨씬 앞서갔다. 두 번째 금사과를 그녀의 트랙을 가로질러 굴리자 또 그녀는 그것을 집어들려고 멈춰 섰고 히포메네스는 다시 그녀를 획 지나갔다. 목표가 가까이 왔을 때 그가 앞서 있었지만 또 다시 그녀가 따라잡았다. 그가 마지막 기회를 이용하여 세 번째 사과를 굴렸을 때 아틀란타는 머뭇거렸고 히포메네스가 결승점에 먼저 닿았다. 그들은 결혼을 했고 행복하게 살았단다!

우리의 교활한 적은 그의 금사과를 던지는 데 능통하다. 그는 경기 규칙을 지키지 않고 온갖 궤계를 써서 우리가 상을 타지 못하도록 할 것이다. 그러나 바울은 이렇게 선포할 만한 까닭이 있었다. "이는 우리로 사단에게 속지 않게 하려 함이라 우리가 그 궤계를 알지 못하는 바가 아니로라" (고후 2:11). 우리 모두가 그와 같이 주장할 수 있는 것은 아니다. 너무 많은 이들이 영적으로 무지해서 사탄의 교묘함을 분별하거나 넘겨짚지 못한다.

히브리서 기자는 운동 선수가 부딪히게 될 장애물과 방해들을 알았기 때문에 이렇게 권한다. "이러므로 우리에게 구름같이 둘러싼 허다한 증인들이 있으니 모든 무거운 것과 얽매이기 쉬운 죄를 벗어 버리고 인내로써 우리 앞에 당한 경주를 경주하며" (히 12:1).

올림픽 경기 선수는 트랙으로 가기 전에 펄럭거리는 겉옷(육상 선수의 보온복)을 벗어버리는 것이 관례이다. 그러한 옷은 방해가 되고 달리기를 저해할 것이다. 그래서 그는 그것들을 벗어버리고 거의 맨 몸으로 달린다.

우리는 자신의 경주에서 뒤얽히게 하는 것과 방해가 되는 모든 것들을 벗어버렸는가? 영적인 성숙함을 향한 전진을 막고 끊임없이 붙어 다니며 뒤집어엎는 '죄'말이다. 그것은 하나님이 하실 일이 아니라, 있는 힘을 다한 결의로 우리가 해야 하는 것이다. 사탄의 꾀임은 욕망, 탐욕, 야망과 같은 길을 따라 주로 우리에게 온다. 사탄의 금사과가 우리 삶의 어떤 영역에서든지 작용하고 있지 않은지 점검해야 한다.

목표의 고정

"믿음의 주요 또 온전케 하시는 이인 예수를 바라보자" (히 12:2).

그리스의 도보 경주는 당시 가장 맹렬하고 격렬한 신체 운동으로 알려졌다. 한 경주의 우승자였던 아다스(Addas)는 결승 지점을 넘어서 갑자기 쓰러졌는데 근육 덩어리가 정지해 버렸다. 죽은 것이다. 신체의 한계를 넘어서서 지나치게 진력했던 것이다. 경주에서 이기려면 엄청난 정력과 인내력이 필요하다.

일단 경주가 시작되면 선수는 뒤를 돌아볼 여유가 없다. 다른 생각을 할 겨를도 없이 결승점까지 전력해야만 한다. 우승을 하려면 심판이 서 있는 트랙 끝에 눈을 고정해야만 한다. 이것이 바울의 유명한 다음 구절의 배경이다. "오직 한 일 즉 뒤에 있는 것은 잊어버리고 앞에 있는 것을 잡으려고 푯대를 향하여 그리스도 예수 안에서 하나님이 위에서 부르신 부름의 상을 위하여 좇아가노라" (빌 3:13-14).

따라서 제자들은 힘주시는 주님께 흔들리지 않고 눈을 고정하여 경주에 힘써야 한다. 주님은 심판이자 상 주시는 분이시다. 제자는 절망적으로나 동경하는 마음으로 뒤를 돌아보지 않고, 뒤에 있는 것은 승리나 성공이든 실패나 낙심이든 단호하게 잊어버려야 한다. 기쁘게 맞아주시는 주님께 시선을 고정하면서 결승점을 향하여 힘껏 노력해야 한다. 우리의 믿음을 시작하신 분은 그분이시므로 우리가 과정을 마칠 수 있도록 힘주실 이도 그분이시다.

고린도전서 9장 25절에서 경주자의 모습을 그린 후에 바울은 권투 시합을 예로 든다. "내가 목표 없는 자와 같이 달리지 않고 허공을 치는 자와 같이 싸우지 않습니다 아니 나는 내 몸을 쳐서 내 종으로 만듭니다" (고전 9:26-27).

권투는 올림픽 경기에서 5종 경기 종목 중 하나였다. 바울은 그것을 비유로 자신의 몸에 대한 스스로의 태도를 설명한다. 이것은 자주 있는 시험의 상황이었다. 그는 자기의 가장 큰 적이 자신의 속에 있음을 알았다. "내 속 곧 내 육신에 선한 것이 거하지 아니하는 줄을 아노니" (롬 7:18).

> 그분의 영광과 나 사이에
> 종종 서 있는 사람이 있으니

그의 이름은 자아, 내 육욕의 자아가
그분의 영광과 나 사이에 서 있네.
그를 제압하소서! 그를 제압하소서!
내 구주여, 그를 끌어내리시고,
십자가 깃발 위로 높이
당신만 홀로 영광 받으시며
기수는 저 아래 구멍으로 숨기소서.
(작가 미상)

동양의 어떤 도시에서, 이른 새벽 어두울 녘에 길을 걸어가노라면, 주먹을 쥐고 허공을 휘두르는 남자들을 쉽게 볼 수 있다. 그러나 그들을 두려워할 것이 하나도 없다. 그들은 허공을 칠 뿐이다.

바울은 그렇지 않았다. "나는 매번 타격을 가하며, 내 몸에 강타를 쳐서 나를 내 주인으로가 아니라 내 종으로 만듭니다."

상

"너희도 얻도록 이와 같이 달음질하라" (고전 9:24).

운동 선수들이 그렇게 자기 훈련을 쌓고 그토록 인내와 힘을 내도록 만드는 것은 무엇일까? 틀림없이 그 이유는 큰돈이나 값어치 나가는 트로피가 될 것이다. 그러나 아니다. "그들은 오래가지도 않을 면류관을 얻으려고 한다." 전혀 본질적인 가치가 없는, 단순히 월계수 잎으로 만든 화관을 위해 말이다. 하지만 그것은 사람들이 가장 갈망한 것이고, 국가가 수여할 수 있는 최고의 영예였다. 키케로(Cicero)는 올림픽 우승자가 전쟁에서 승리하고 돌아오는 장군보다 더 큰 영예를 얻었다고 말했다. 그러나 그것은 지속되는 상이 아니었다.

화려한 올림픽 시상식이 클라이맥스에 달했을 때 경기 심판은 우승자의 머리에 승리의 면류관을 씌웠다. 그 선수를 존경하는 이들이 꽃과 선물로 축복했다.

바울은 그 장면을 상상하면서 자신에게 온 세상의 심판주께서 면류관을 수여할 그 날을 고대했다. "이제 후로는 나를 위하여 의의 면류관이 예비되었으므로 주 곧 의로우신 재판장이 그 날에 내게 주실 것이니 내게만 아니라 주의 나타나심을 사모하는 모든 자에게니라" (딤후 4:8).

바울이 경주했던 수년 간 그는 그리스도를 끊임없이, 뚫어지게 앙망했다. 그분의 못 박힌 손으로 면류관을 받는 것은 그의 모든 고난에 대한 충분한 보상이 될 것이었다. 주님께서 "참 잘했다!"하시는 말씀이 '자기 포기'를 아무것도 아닌 것으로 만들 것이었다.

바울은 심각한 편지에서 경기에 대하여 간단히 언급하면서 마무리를 한다. 그가 이룬 위대한 업적에도 불구하고 그는 여전히 자기 인성의 약함과 원수의 교활함을 인식했다. "내가 내 몸을 쳐 복종하게 함은 내가 남에게 전파한 후에 자기가 도리어 버림이 될까 두려워함이로라 " (고전 9:27).

그는 나이가 들어갈수록 자신의 청년 시절 못지않게 세상이 현혹적이며 죄가 매혹적이고 마귀가 사악한 것을 알았으므로, 유익한 두려움이 일어났다.

여기서 버림이 된다는 말은 구원에 관한 얘기가 아니다. 구원을 잃어버릴까 두려운 것이 아니라 심판주께서 인정하지 않거나 결격자라고 선고할까봐, 그래서 헛되이 경주했을까 두렵다는 얘기이다. 이렇게 건전한 두려움을 우리가 즐기며 "상을 얻고자 경주하자."

오 주여, 당신의 길을 깨닫게 하소서
당신의 길을 제게 가르치소서
당신의 은혜로운 구원을 알리는
당신의 길을 제게 가르치소서
나의 여정이 다하는 날까지
경주를 다하는 날까지
면류관을 얻을 그 날까지
당신의 길을 제게 가르치소서.
(B. M. R.)

□ **연구 질문**

1. 본인이 가장 좋아하는 스포츠 팀은? 가장 좋아하는 운동 선수는?

2. "상을 탈 수 있도록 달린다"는 말은 무슨 의미인가?

3. 어떤 영적 훈련 프로그램이 현재 본인에게 가장 필요한가?

□ **성경 탐구**

1. 육체적 건강과 영적 건강간의 관계를 다음의 구절은 어떻게 설명하고 있는가?

딤전 4:7-8, 딤후 4:7, 고전 9:24-27, 히 12:1-2

우리가 민감하게 그리스도의 아픈 가슴을 느끼다면 그
분의 마음을 나눌 것이다. 눈을 떠서 이 잃어버린 세상
의 비참함을 보고, 그 비극적 상황에 마음이 움직여 애
타는 제자는 행동에 들어가야 한다. 측은히 여기는 마
음의 최고 표현은 측은히 여기는 행동이다.

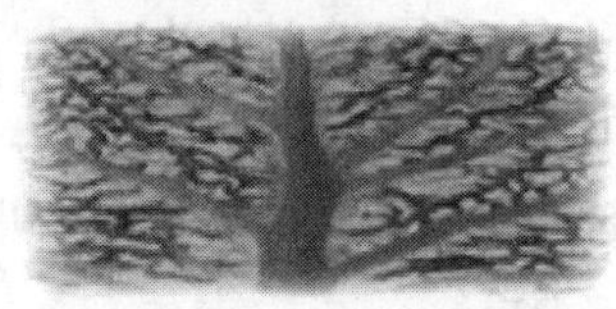

12

제자의 동정심

무리를 보시고 민망히 여기시니. - 마 9:36

"시작하게, 청년! 하나님께서 불신자들을 구원하고자 하실 때 자네의 도움 없이도 하실 수 있네!"

하나님은 물론 그 젊은 구두 수선공의 도움 없이도 하실 수 있었으나 그렇게 하지 않으셨다. 하나님은 어느 구석진 마을에서 이름 모를 젊은 제자를 택하여 부르시고 준비시키셔서, 현대 선교를 시작하는 데 쓰셨다.

윌리엄 케리(William Carey)는 조직 신학과 당시 선교학에 대한 지식이 없었으나 그 전략적인 과업을 감당할 만큼 준비된 자질이 있었다. 그리스도를 향한 열정적인 사랑과 그분을 모르는 먼 곳에 있는 자들을 향한 연민의 사랑이 그에게 있었던 것이다.

그가 앞에다가 지구본을 놓고 의자에 앉아 구두를 고치며 일하고 있을 때, 하나님은 그의 마음에 잃어버린 자들을 향한 큰 부담감을 마음에 주셨다. 주님께서는 무리가 "목자 없는 양과 같이 쉴새 없이 시달리며 의지할 데 없는" 것을 보시고 한없이 측은한 마음이 드셨다. 바로 그 마음이 윌리엄 케리의 가슴에 살아난 것이다.

모든 그리스도인들이(심지어 복음주의 기독교인조차도) 그리스도 없이는 모든 사람이 멸망한다는 것을 믿는 것은 아니다. 보편 구제설(인류는 결국 전부 구제 받는다는 설 - 역주)이 슬슬 퍼지고 있다. 많은 이들은 결국 하나님의 사랑이 그분의 진노하심보다 승하여 모든 사람을 구원하실 것이라고 생각한다. 이러한 견해를 포용하는 사람들의 동기를 비난하지는 않더라도, 중요한 문제는 과연 그리스도와 사도들이 성경에서 분명히 가르친 것이 그러하냐는 것이다.

성경은 어디에서도 비기독교 민족이 단순히 복음을 듣지 못했기 때문에 멸망할 것이라고 말하거나 암시하지 않는다. 수없이 많은 이들이 복음을 들을 기회를 갖지 못했다. 비기독교 민족이 멸망을 당한다면 그것은 바로 여러분과 내가 죽었었던 이유와 같다. 그들도 우리와 같이 타고나면서 그리고 살면서 죄인이기 때문이다. 바울은 이 점을 분명히 한다. "곧 예수 그리스도를 믿음으로 말미암아 모든 믿는 자에게 미치는 하나님의 의니 차별이 없느니라. 모든 사람이 죄를 범하였으매 하나님의 영광에 이르지 못하더니" (롬 3:22-23).

바울은 복음을 들은 사람과 듣지 못한 사람을 구별하지 않는다. 모두가 동일하게 죄를 지었기 때문에 똑같이 멸망한다. "하나님께서는 모든 사람이 죄 아래 있다고 말씀하시고" 이 사실 때문에 모든 사람에게 하나님의 자비를 베푸실 수 있는 것이다. 여기서 이 주제를 확대할 수는 없지만 암시된 바가 너무나 고통

스럽고 그에 대해서 상충되는 견해들이 있다. 하지만 보편 구제
설은 해결해야 할 의문의 여지가 있다.

1. "내가 곧 길이요...나로 말미암지 않고는 아버지께로
   올 자가 없다"고 하신 주님의 말씀(요 14:6)은 상대적인가
   절대적인가? 사람이 한 번도 들어본 적이 없는 아버지께
   로 올 수 있는가?
2. "사람이 거듭나지 아니하면 하나님 나라를 볼 수 없다"
   고 하신 예수님의 말씀은(요 3:5) 밝히지 않은 예외를 마
   음에 두고 하신 것인가? 이방인들은 본인의 동의 없이
   자동으로 거듭나는가?
3. 바울이 에베소 교인들에게 불신자였을 때의 상태를 상기
   시키면서 "그 때에 너희는 그리스도 밖에 있었고...세상
   에서 소망이 없고 하나님도 없는 자이더니"라고 한 말은
   무슨 뜻인가?(엡 2:12)
4. 불신자들의 이름이 생명책에 자동으로 기록된다고 말하
   는 성경적 근거가 있는가?(계 20:12) 그렇다면 너무나
   많은 사람들이 그런 것처럼 복음을 듣고 거부하지 않도
   록, 그들에게 복음을 전해주지 않는 것이 낫지 않겠는가?
5. 요한이 계시록에서 "두려워하는 자들과 믿지 아니하는
   자들과 흉악한 자들과 살인자들과 행음자들과 술객(마
   법 등)들과 우상 숭배자들과 모든 거짓말하는 자들이 불
   과 유황으로 타는 못에 있을 것이라고 기록한 것은 거짓
   말인가?(계 21:8)
6. 바울이 로마서 10장 13-15절에서 네 가지 통렬한 질문을
   던진 것은 무슨 뜻인가?

"누구든지 주의 이름을 부르는 자는 구원을 얻으리라"고 그는
선포하였다.

> "그런즉 저희가 믿지 아니하는 이를 어찌 부르리요?
> "듣지도 못한 이를 어찌 믿으리요?
> "전파하는 자가 없이 어찌 들으리요?
> "보내심을 받지 아니하였으면 어찌 전파하리요?"

그는 다만 냉혹한 궤변에 빠져있었는가, 아니면 대답이 있는
것인가?

이들 성경 구절과 다른 것들은 겉으로만 보아도, 복음화되지
않은 비기독교인들의 멸망한(잃어버린) 상내에 대하여 언뜻 본
경우를 나타내는 것 같다. 잃어버린 사람들의 구원이 그리스도
께서 십자가의 고난을 받으셨어야 할만큼 그렇게 심각하다면,
그들의 상태는 얼마나 심각하며 또 그것을 덜게 하기 위한 우리
의 노력은 얼마나 긴박한 것인가?

물론 다른 성경 구절에서 복음을 듣지 않은 사람들의 책임이
복음을 듣고 거부한 사람들보다 헤아릴 수 없을 만큼 적다는 것
을 밝힌다. 갈보리의 은총으로 우리는 "세상을 심판하시는 이가
공의를 행하실 것" (창 18:25)이라는 확신으로 믿을 수가 있다.

양심이 있는 불신자

사실, 어떤 이들이 생각하는 것처럼, 불신자들이 그렇게 무지
한 것도 아니고 그들의 죄가 그렇게 자기 뜻과 상관없이 생긴 것
도 아니다. 자이르(Zaire)가 벨기에 콩고로 알려져 있을 때 그곳에
서 선교사였던 친구 하나는 유럽인이나 기독교인과 접촉하지 않

았던 완전한 비기독교인이 누리는 빛의 정도를 알고 싶었다. 그는 통역자와 같이 백인이 방문한 적이 한 번도 없었던 마을로 갔다. 어느 정도 친숙해진 후, 그는 족장이 이해할 수 있는 용어로 어떤 것들을 죄라고 생각하는지 물었다. 금방 족장은 "살인, 절도, 간음, 마법"이라고 대답했다.

이 말은 그가 이들 행위 중 어떤 것에 빠질 때마다, 빛을 거슬러서 죄를 짓고 있다는 것을 알았음을 의미한다. 이것이 바울의 얘기가 아니었는가?

> 율법 없는 이방인이 본성으로 율법의 일을 행할 때 이 사람은 율법이 없어도 자기가 자기에게 율법이 되나니 이런 이들은 그 양심이 증거가 되어 그 생각들이 서로 혹은 송사하며 혹은 변명하여 그 마음에 새긴 율법의 행위를 나타내느니라 (롬 2:14-16).

그렇기 때문에 사랑하시는 그리스도의 모든 제자들은 복음을 듣지 못한 수백만이 들을 기회를 갖도록 관심을 쏟을 것이다.

"소망이 없고 하나님 없이" 떼지어 모여든 무리를 예수님께서 보셨을 때 한없이 측은히 여기셨다.

세 가지 본질적 요소

유명한 시인이자 미술 비평가, 존 러스킨(John Ruskin)은 훌륭한 예술가가 소유해야 하는 세 가지 필수 요소를 이렇게 말한 적이 있다. (1) 본인이 화폭에 담고자 하는 장면의 아름다움을 **감상하고 보는 눈**; (2) 그 장면의 아름다움과 분위기를 새기고 **느끼는 마음**; (3) 눈이 보고 마음이 느낀 것을 화폭에 전달하도록 **일하는 손**.

주님을 위한 작품을 만드는 제자에게 이 세 가지 자질이 가장 필수적이지 않을까?

보는 눈이란 우리 주위 사람들의 영적 필요를 보는 것이다. 물리적인 필요는 우리가 눈으로 보고 알 수 있는 반면 영적인 필요는 영적인 사람들만 느낄 수 있기 때문에 영적인 필요보다 물리적인 필요가 더 많이 금방 인식된다.

예수님은 세상을 어떻게 보셨는가? "그가 무리를 보시고 민망히 여기시니". 그분은 무리를 이룬 세상을 보셨다. 우리 주님이 살던 당시 세계 인구는 약 2억 5천만으로 추정된다. 우리는 어떤 세상을 보는가? 50억이다. 무려 20배이다.

그분은 무력한 세상을 보셨다. 현대는 어떠한가? 온갖 고도의 발전 속에서도 우리는 위기가 일어날 때마다 해결점 없이 무기력하게 움직인다. 사람들은 부정과 압박으로 눌리어 어찌할 바를 모른다. 예수님은 영적 상태를 개선할 수 없는 그들의 무력함을 보시고 가슴이 아프셨다.

그분은 목자 없는 세상을 보셨다. 양은 방향 감각이 없다. 공격이나 방어할 무기도 없다. 예수님은 그들을 보실 때, 그 영적 궁핍함을 돌볼 이가 없는 잃어버린 자들로 보셨다. 지금도 그와 같은 상태에 있는 가난한 국가들의 수많은 영혼들이 여전히 있지 않은가?

세상 사람들이 이 무리를 볼 때는 다들 다른 차원에서 본다. 교육가는 학생들을 큰 인물이 될 이들로 본다. 정치가는 유권자들로, 사업가는 고객으로 본다. 모두 자신이 이익을 얻을 수 있는 사고 방식으로 그들을 본다. 예수님은 자신의 유익을 위해서는 어떠한 사람도 이용하지 않으셨다. "그가 무리를 보시고 민망히 여기시니." 그 가슴아픈 연민이 그분을 십자가까지 이끌었다.

단순히 바라보는(look) 눈은 흔히 있다. 하지만 보고 아는(see)

눈은 드물다. 우리는 보고 아는 눈을 가졌는가?

우리는 사람들의 영적 필요를 **느끼는 마음**이 필요하다. 측은히 여긴다는 것은 불쌍해하는 것 이상이다. 언제나 그런 감정은 결코 사랑의 행위까지 연결되지 않는다. 측은히 여김(compassion)이란 단어는 "함께 괴로워하다"는 뜻이다. 'sympathy(공감)'을 나타내는 헬라어의 라틴어형으로, 대상에 대한 동일시를 의미한다.

A.W. 토우저(Tozer)는 현대는 '무책임한 행복의 추구'가 널리 퍼져 있으며 대부분의 사람들이 다른 이들의 상처를 슬프게 느끼지 않고 오히려 즐거워한다고 했다. 그것은 무리가 하는 거의 병적인 행복 추구에서 온다. 그러나 그들은 참된 기쁨과 만족의 원천을 놓치고 있다.

우리가 민감하게 그리스도의 아픈 가슴을 느낀다면 그분의 마음을 나눌 것이다. '측은히 여긴다'는 말은 가슴의 언어이며 어떤 언어로도 알기 쉬운 뜻이다. 하지만 우리 자신의 삶에 몰두해서 우리 가슴은 무뎌지고 다른 사람들의 필요에 무감각해지기가 쉽다.

텔레비전을 열심히 즐기는 많은 이들은 감정에 해로운 영향을 받는다. 계속되는 비극, 공포, 폭력과 같은 장면에 익숙해지며, 드라마의 가장한 감정이 사람들의 감정을 아주 피상적으로 만들어서 어떤 것이라도 깊이 느끼기가 어렵게 된다. 우리는 끔찍한 장면을 보고 잠시 충격을 받고는 다음 채널로 돌린다. 우리의 감정이 너무 피상적으로 되어 그것은 영적 생활에도 흘러 넘쳐 들어왔다.

누가는 예수님께서 예루살렘에 "가까이 오사 성을 보시고 우셨다"고 말해 준다(눅 19:41). 그분의 가슴은 메마르지 않았다. 그리스 신화의 신들하고 얼마나 다른지! 그들은 이 땅에 즐기러 와서는 자기 쾌락에 탐닉했다. 하나님의 아들은 소금기 있는 눈물

로 그분의 사랑을 표현했다. 예루살렘이 죄와 회개하지 않음으
로 심판 받아 앞으로 무너질 것을 아셨을 때, 그분의 가슴은 뜨
거운 눈물로 넘쳐흘렀다.

이럴 수 있는가, 우는 하나님이라니! 얼마 안 있으면 자신을
십자가에 못박을 바로 그들을 측은히 여기는 마음으로, 눈물이
그분의 얼굴을 타고 흘렀다.

천사들이 쉽사리 믿지 않았을 것을 상상해 보라. 그 눈물은 텔
레비전의 거짓 눈물이 아니라 잃어버린 영혼들에 대한 가슴아픈
사랑의 진실한 눈물이었다.

바울도 눈물 없이 냉정한 사역을 하지 않았다. 그는 주님의 열
정과 가슴을 공유했다. 에베소 교인들과 작별 인사를 할 때 이렇
게 말했다. "내가 삼 년이나 밤낮 쉬지 않고 눈물로 각 사람을
훈계하던 것을 기억하라" (행 20:31).

우리는 주님의 가슴과 마음을 나누고 있는가?

우리 마음을 행동으로 옮기는 **일할 손**이 필요하다. 그리스도
께서 측은히 여기는 마음만 가지고 아무 것도 안 하셨는가? 그렇
지 않다. 보고 느끼고 나서 행동으로 옮기지 않는다면 열매가 저
절로 생기지 않는다.

선한 사마리아인의 비유에서 예수님은 제자들에게 이 측은히
여기는 마음에 대하여 귀한 교훈을 가르치셨다 (눅 10:29-32). 지
나가던 그 여행자를 이용할 대상으로 본 강도; 성가셔서 무시하
고 지나가는 제사장과 레위인; 그 이야기를 듣고 해결될 문제로
보는 변호사; 여관 주인은 돈을 벌게 해 주는 손님으로... 미움받
는 사마리아인은 그를 이웃으로 보았기에 그의 필요를 적극적으
로 도울 수 있었다.

"네 의견에는 이 세 사람 중에 누가 강도 만난 자의 이웃이 되겠느냐?" 가

로되 자비를 베푼 자니이다 예수께서 이르시되 "가서 너도 이와 같이 하라"
하시니라 (눅 10:36-37).

측은히 여기는 마음의 최고 표현은 측은히 여기는 행동이다.
그렇지 않으면 아무 소득 없는 감정에 지나지 않을 뿐이다.

눈을 떠서 이 잃어버린 세상의 비참함을 보고, 사람들의 비극
적인 상태로 마음이 움직이며, 그렇게 마음이 쓰이는 제자는 행
동에 들어가야 한다.

바이블 크리스천 연합 선교회(Bible Christian Union Mission)의
대표이사 조지 머레이(George R. Murray)는 말하기를, 그가 주님
께 자기 인생을 완전히 헌신할 때까지는 그는 자신의 계획에 하
나님을 진정으로 포함시켜왔으나, 하나님은 그가 그분의 계획에
포함되기를 원하셨다고 한다.

콜럼비아 성경 대학(Columbia Bible College)에서 있었던 선교사
기도회에 갔을 때, 그가 그리스도를 알지 못하는 곳에 가서 그리
스도를 전파하는 전임 선교사로 섬기는 것이 하나님의 계획임을
분명히 알게 되었다. 하나님께서 세상을 보셔야 하는 것처럼 그
가 세상을 본 것은 그 때였다. 그 전까지는, 기꺼이 나갈 마음이
있었으나 머무를 계획을 하고 있었다. 그러나 그 이후로 그의 태
도는 나갈 계획을 하지만 기꺼이 머무를 마음으로 바뀌었다. 그
는 곧 하나님으로부터 소명을 받게 되었다.

□ 연구 질문

1. 주위에 있는 영적 필요를 더 잘 보기 위해서 어떤 일들을
할 수 있는가?

2. 제자와 교회에 보편 구제설의 위험성은 무엇인가?

□ 성경 탐구

1. 하나님 사랑 안에서 살아간다는 것이 형제를 대하는 우리
시각과 행동에 어떤 영향을 미치는가? 다음 구절은 동정 어린 마
음에 대해 무엇을 시사하는가?

마 9:36, 눅 10:29-37, 눅 19:41, 행 20:31

우리는 지금 휴전을 모르는 냉혹한 영적 전쟁 가운데 있다. 우리의 기도는 권위를 지닌, 대담하고 끈질긴 것이어야 한다. 그러나 오늘 우리의 기도는 놀라울 정도로 너무나 미지근하다.

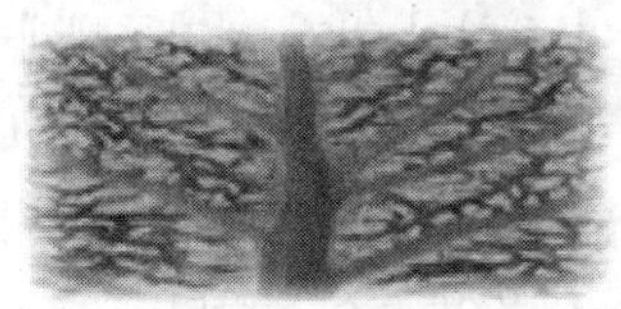

13

제자의 기도 생활

이와 같이 성령도 우리 연약함을 도우시나니
우리가 마땅히 빌 바를 알지 못하나... - 롬 8:26

주님은 기도에서 그렇게 열렬한 모범을 보이셨고 제자들이 주님께 간청을 한다. "주여 요한이 자기 제자들에게 기도를 가르친 것과 같이 우리에게도 가르쳐 주옵소서" (눅 11:1). 그들은 예수님께서 기도하는 소리를 들었을 때 하나님 아버지와의 친밀함을 알고자 하는, 사모하는 마음이 솟아올랐다.

기도는 굉장한 역설이다. 단순함과 심오함이 섞여 있다. 고뇌 아니면 환희일 수 있다. 하나의 목표에 집중할 수 있지만 온 세계를 다닐 수 있다. "아이가 할 수 있는 가장 단순한 형태의 언어"인 동시에 "지극히 높으신 왕께 다가가는 가장 숭고한 노력"이다. 그렇다면 영적인 위인이라고 할 만한 바울조차도 이렇게 고백했다는 것은 당연한 지도 모른다. "우리가 마땅히 빌 바를 알지 못하나..."

하나님의 관심사가 먼저 와야 한다

성숙한 제자에게는 하나님의 관심사가 항상 최고의 권위를 가질 것이다. 미숙한 그리스도인의 기도는 언제나 자기 주변을 맴돈다. 기도를 가르쳐 달라는 제자들의 간청에 예수님은 응답하시며 기도의 모델이 되는 원형을 주셨다. 마태복음 6장 9-13절에 기록된 기도에서 두드러진 것은, 처음 반절이 완전히 하나님과 그분의 관심사에 집중되어 있다는 점이다. 그러고 나서야 개인적인 간구가 나온다. 경배, 찬양, 감사가 가장 먼저 온다. 바울의 기도도 그와 같이 주님의 모델을 따르고 있다.

제자는 권위를 갖고 기도할 수 있다

우리는 지금 휴전을 모르는 냉혹한 영적 전쟁 가운데 있다. 우리의 적은 보이지 않고 만질 수 없으나 그들은 강력하다. 그들을 대항해서는 영적 무기만이 이길 것이다. 바울은 이렇게 썼다.

> 우리가 육체에 있어 행하나 육체대로 싸우지 아니하노니 우리의 싸우는 병기는 육체에 속한 것이 아니요 오직 하나님 앞에서 견고한 진을 파하는 강력이라 (고후 10:3-4).

"하늘에 있는 악의 영들"과의 전투에서 이들 무기 중 기도가 가장 무섭고 유력하다 (엡 6:12).

기도를 그만두는 자는 전투를 포기하는 군인과 같으니
기도는 그리스도인의 전신갑주를 빛나게 하고
사탄이 보고 떠는 것은
가장 연약한 성도가 꿇는 무릎일세.

윌리엄 쿠퍼(William Cowper)

패배나 승리를 판가름하는 것은 기도를 바르게 하고 무기를 잘 쓸 수 있는 우리의 능력이다.

예수님은 아무 데서도 그분의 교회가 후퇴하기를 그리지 않으신다. 70명의 열심인 제자들이 복음을 들고 나간 침략에서 승리하고 기쁨으로 돌아왔을 때 이렇게 강력한 말씀을 하셨다. "사단이 하늘로서 번개 같이 떨어지는 것을 내가 보았노라 내가 너희에게 뱀과 전갈을 밟으며 원수의 모든 능력을 제어할 권세를 주었으니 너희를 해할 자가 결단코 없으리라" (눅 10:18-19).

명백한 결론은 제자들이 위임받은 이 권세를 사용할 때 사탄의 패배까지도 볼 것이라는 사실이다. 이 약속된 권세는 결코 취소되지 않았다. 그러나 제자들이 약속에 대한 믿음을 잃어버렸을 때 귀신 들린 소년을 건질 힘이 없어졌다. 그들은 자신들의 불신앙으로 무력해진 것이다. 예수님은 그들에게 치료책을 말씀해 주셨다. "기도 외에 다른 것으로는 이런 유가 나갈 수 없느니라" (막 9:29).

고요하기만 하고 다만 믿는 기도는 그리스도인의 생활에서 중요한 자리를 차지하지만 바울은 다른 기도를 가르치고 실천했다. 십자가와 부활의 권능을 붙든 분투하는 공격적인 기도만이 오랜 세월의 요새에서 원수를 격퇴할 것이다. 하나님의 권능과 자원을 내뿜어 그들을 전쟁터에서 활동시키는 기도인 것이다.

쌔뮤얼 채드윅(Samuel Chadwick)은 사탄이 기도 없는 연구, 가르침, 설교에서는 아무것도 두려워하지 않는다고 강력히 주장했다. "그는 우리의 노고를 우스워하고 우리의 지혜를 조롱한다. 그러나 우리가 기도할 때 벌벌 떤다."

흠잡기 잘하는 바리새인들에게 예수님은 '강하게 잘 무장한 사람이 안전하다고 느끼는 요새에 있는 비유'를 드셨다. "사람이 먼저 강한 자를 결박하지 않고야 어떻게 그 강한 자의 집에 들어가 그 세간을 늑탈하겠느냐? 결박한 후에야 그 집을 늑탈하리라"(마 12:29).

사탄과 어두움의 권세와의 전투에서 기도로 이 위임받은 권세를 사용하는 것은 제자의 책임이다. 이런 식으로 그리스도의 승리는 그분의 가장 연약한 제자의 승리가 된다.

제자는 대담하게 기도해야 한다

성숙한 제자는 이런 기도에 익숙해야 한다. 중보자에게 약속된 넓은 범위에 비추어 볼 때, 우리의 기도는 참 놀라울 정도로 너무 미지근하다. 거의 과거의 경험이나 당연한 생각을 넘어 올라가지 않는다. 전에 없던 것과 불가능한 것을 위해 우리는 얼마나 기도를 하지 않는가!

> 왕에게 나오는 자여!
> 큰 소원을 가져오게,
> 그분의 은혜와 권능이 채우지 못할
> 너무 큰 소원은 있을 수 없으니!

성경은 하나님께서 약속에 근거한 용감한 기도에 응답하시기를 기뻐하신다는 사실을 증명한다. 예수님은 불가능한 것은 불가능한 만큼 자유롭게 구하라고 제자들을 격려하셨다. "너희가 만일 믿음이 한 겨자씨만큼만 있으면 이 산을 명하여 여기서 저기로 옮기라 하여도 옮길 것이요 또 너희가 못할 것이 없으리라"(마 17:20). 모든 어려움은 하나님께 같은 크기이다.

때때로 제자들은 기도로 씨름할 것이다

> "그리스도 예수의 종인 너희에게서 온 에바브라가…항상 너희를 위하여 애써 기도하여" (골 4:12).

이러한 기도는 성숙한 제자들이 경험하는 것이다. 에바브라가 그런 사람이었다. 그러나 우리의 기도는 그에 비해 참으로 활기가 없다.

헬라어 'wrestle(씨름하다)'에서 'agonize(악전 고투하다, 필사의 노력을 하다)'가 나왔다. 신약에서는 지칠 때까지 쉴새없이 일하는 사람, 트랙을 달리는 운동 선수가 온 근육과 기력을 힘껏 쓰는 것, 전쟁에서 고투하는 군인을 말할 때 쓰였다. 이러한 기도를 "영혼의 운동"이라 하고 있다.

제자는 끈질기게 기도해야 한다

예수님은 두 가지 비유로(세 명의 친구 비유와 부정직한 재판관의 비유) 기도는 끈질긴 요구와 지속성이 필요하다고 힘있게 말씀하셨다. 두 비유 모두 대조법을 썼다. 하나님은 게으르지도 않고 이기적인 이웃과 같지도 않으며 부정직한 재판관도 아니시다.

세 명의 친구

누가복음 11장 5-8절에서는 갑작스럽게 찾아온 손님에게 대접할 빵이 없어서 난처한 입장에 처한 어떤 사람이 있었다. 황급히 친구를 찾아가 빵 세 덩이를 빌려달라고 부탁했다. 그런데 그 "친구"는 문도 열지 않고, 잠자리에 들었으니 귀찮아서 부탁을 들어줄 수가 없다고 대답했다. 그러나 당황한 그 사람이 계속 부탁을 했고 끈덕진 요구 때문에 게으른 친구는 마침내 일어나 빌려주었다.

이 비유에서 예수님은 마지못해 하는 친구의 퉁명스러운 이기심과 하나님 아버지의 즐겨 하시는 관용을 대조시킨다. 친구의 필요보다 잠이 더 중요한 완전히 이기적인 사람조차도(이런 요지가 흐름) 뻔뻔스러운 끈질김 때문에 마지못해서나마 한 밤 중에 일어나 친구의 요청을 들어준다면, 하나님이야말로 그 자녀가 하는 끈질긴 간청에 얼마나 감동하시겠는가?

부정직한 재판관

누가복음 18장 1-8절에 있는 두 번째 비유에서, 사기를 당한 어떤 과부가 재판을 걸었다. 그 사건을 맡은 재판관은 "하나님을 두려워하지도 않고 사람을 무시하는" 자였다. 원수에 대한 원한을 풀어달라는 그녀의 간청을 그는 매번 무정하게 거절했다. 그녀의 고집에 화가 난 그는 번거로움을 제거하고자 마침내 그 사건을 처리해 주었다.

요는, 끈질긴 과부가 수치를 잊고 끈덕지게 불의한 재판관의 완고함을 이길 수 있었다면, 하나님의 자녀들은 긴급한 기도에 얼마나 더 응답을 잘 받겠는가? 하나님의 자녀들은 반대자에게 호소하는 것도 아니고 그 무심한 재판관과는 정반대의 태도이신 사랑하시는 대변자(Advocate)께 드리는 호소이기 때문이다.

이와 같이 명쾌한 비유로 예수님은 하나님 아버지의 성품과 태도를 대조법으로 설명하셨다. 하나님은 단지 귀찮아서 원한이 있는 과부에게 마지못해 재판을 시행한 불공평한 재판관 같은 분이 아니시다.

여기서 배울 교훈은 "수치를 모르는 끈덕짐"이 충분한 보응을 받게 된다는 것이고 그 반대도 역시 사실이다. 열의가 없는 기도는 하나님의 팔을 움직이지 않는다. 반대로 존 녹스(John Knox - 16세기 스코틀랜드의 종교 개혁자, 정치가, 역사가 - 역주)는 이렇게 울부짖었다. "저에게 스코틀랜드를 안 주시면 제가 죽겠나이다." 우리의 소원이 너무 희미해서 우리가 요구하지 않아도 할 수 있고 어떻게 해서든지 가져야만 하는 것이 아니라면, 우리 기도가 왜 응답되어야 하겠는가?

버마의 아도니람 저드슨(Adoniram Judson)은 이렇게 말했다.

"하나님은 끈기 있는 기도를 너무 좋아하셔서 그것 없이는 많은 축복을 우리에게 주시지 않을 것이다. 하나님께서 주시기를 애타게 바라시는 가장 풍성한 축복을 우리가 받는데, 그것이야 말로 없어서는 안 될 마음의 태세(준비)임을 아신다.

"나는 한 번도 진지하게 진정으로 어떤 것을 위해서 기도한 적이 없었다. 그런데 어느 날 그 때가 왔다. 그럭저럭, 어떤 모양으로 아무리 세월이 흘렀어도, 십중팔구 내가 결코 궁리하지 않았을 그것이 왔다."

그러면 당연히 이런 질문이 떠오른다. 왜 하나님은 그분께서 응답하시도록 우리에게 끈질김을 요구하지 않고 기도에 간단히 응답하실 수 없을까?

왜 끈질김이 필요한 것일까?

하나님은 어떤 좋은 선물이라도 주실 때 하나님 편에서는 꺼림이 없음을 보장하셨다. 하나님이 구슬림을 받고 싶어서가 아니다. 위의 비유에서 "하물며 하나님께서 (얼마나 더)"라고 하는 반복된 구절이 그것을 보장해 준다. 그래서 해답은 다른데 있다.

끈질김의 필요성은 우리 때문이지 하나님 때문이 아니다. 윌리엄 비에델우프(William E. Biederwolf)는 끈질김이 크리스천 훈련(culture)을 위한 하나님의 훈련 학교의 강의 중 하나라고 한다. 가끔 하나님은 응답을 지연하는데 청원자가 그것을 받을 만한 적당한 상태가 아니기 때문이다. 하나님께서는 그가 먼저 하기를 원하시는 것이 있는 것이다.

응답되지 않는 기도의 문제

성숙한 제자는 명백하게 응답되지 않은 기도 때문에 넘어지지 않을 것이다. 그렇다고 숙명론적인 자세를 취하지도 않을 것이다. 자신의 기도를 검토하여 실패한 원인을 찾으려 할 것이다.

분명한 사실은 하나님께서 모든 기도에 항상 'yes'로 승낙하시는 것은 아니다. (우리는 보통 그렇게 해 주시기를 기대하지만) 모세는 약속의 땅에 들어갈 수 있게 해 달라고 하나님께 진지하게 간청했다. 그러나 하나님께서는 'no'라고 답하셨다 (신 34:4). 바울은 자신의 "육체에 가시"를 없애 주실 것을 반복하여 기도했지만 하나님은 안 된다고 하셨다 (고후 12:7-9). 그러나 하나님은 보상하는 은혜를 약속하셨다. 하나님은 만유의 주이시며 모든 지혜에 탁월한 분이시므로 우리는 기도의 영역에서 그분의 주권을 인식할 만큼 지각있고 겸손해야 할 것이다.

우리 주님의 형제인 야고보가 응답되지 않는 기도의 이유를 하나 말해 준다. "구하여도 받지 못함은 정욕으로 쓰려고 잘못 구함이니라" (약 4:3). 하나님은 모든 자기 중심적인 간청에 응답하겠다고 약속하지 않으셨고 다만 그분의 선하시고 온전한 뜻에 따른 모든 기도에 응답하시겠다고 약속하셨다.

우리의 기도가 믿음의 기도가 아니고 다만 희망의 기도였을 수 있다. 예수님은 "너희 믿음대로 되라"고 하셨지 (마 9:29) 희망하는 대로되라고 하지 않으셨다. 여러분의 많은 기도는 단지 희망의 기도가 아닌가?

아니면 우리가 하나님에 대한 믿음을 기도에 대한 믿음으로 바꾸었을 수도 있다. 성경 어디에도 기도를 믿으라고(have faith in prayer) 하지 않았다. 오직 기도에 응답하시는 "하나님을 믿으라(have faith in God)"고 했다. 이것은 단지 의미론의 문제가 아니다. 가끔 우리는 한숨을 지으며 "우리 기도는 너무 약하고 비효과적이야!" 혹은 "내 믿음이 너무 작아서!"라고 한다. 예수님께서 "진실로 너희에게 이르노니 너희가 만일 믿음이 한 겨자씨만큼만 있으면 이 산을 명하여 여기서 저기로 옮기라 하여도 옮길 것이요 또 너희가 못할 것이 없으리라" (마 17:20)고 하신 것은 그런 반응을 예상하셨기 때문이다.

맨 눈으로 보면 모래알이나 겨자씨는 별 차이가 없지만 사실은 엄청난 차이가 있다. 하나에는 생명의 씨앗(胚 - 근원)이 있다. 중요한 것은 우리 믿음의 크기가 아니라, 살아 계신 하나님에 대한 살아있는 믿음이냐는 것이다.

성숙한 제자는 기도의 응답이의 지연된다고 해서 낙심하지 않을 것이다. 그는 늦어진 응답이 꼭 거절당한 것이 아님을 안다.

> 아직 응답되지 않았다고?
> 그렇기는 하나, 허락되지 않았다고 말하지 말 것은
> 아마도 우리 쪽이 아직 충분히 되지 않았을 테니까.
> 우리가 처음 기도 드렸을 때 일은 시작되었고
> 하나님은 시작하신 그 일을 마치실 테니까.

하나님의 때는 틀리는 일이 없다. 그분은 모든 요소와 우발적 사건을 고려하신다. 우리는 종종 익지도 않은 열매를 따고 싶어 하지만 하나님은 조급한 행동에 압력을 받지 않으실 것이다.

하나님이 그분의 지혜로 우리 기도에 응답을 미루신다면 그 지연은 결국 우리의 선을 위한 것임이 증명될 것이다 (히 12:10). 그것은 하나님께서 우리를 위해 더 좋은 것을 갖고 있거나, 우리 삶에 성취하기 원하시는 것이 그 방법으로만 이루어질 수 있기 때문이다.

우리가 영적으로 성숙하고 하나님 아버지를 더 친밀하게 알아 갈수록, 그분의 하시는 일을 우리가 이해할 수 없을 때조차도 그 분의 사랑과 지혜를 절대적으로 신뢰할 수 있을 것이다. 예수님 께서 "나의 하는 것을 네가 이제는 알지 못하나 이후에는 알리 라" (요 13:7)라고 하셨을 때 제자들에게 이런 체험을 준비시키신 것이다.

1. 우리 기도에서 하나님의 관심사를 우리 자신의 것보다 앞서 놓는 것을 우리는 어떻게 배우는가?

2. 기도로 "씨름한다"는 말은 무슨 뜻인가?

3. 왜 하나님은 제자가 기도를 끈질기게 하기를 원하시는가?

4. 자신의 현재 기도 습관에 어떻게 만족하고 있는가?

□ 성경 탐구

1. 기도를 믿는 것과 하나님을 믿는 것과의 차이는 무엇인가? 다음 구절들은 바른 기도의 모습을 어떻게 묘사하고 있는가?

고후 10:3-4, 고후 12:7-9, 눅 10:18-19, 눅 11:5-8, 눅 18:1-8, 막 9:29, 마 6:9-13, 마 17:20, 약 4:3, 엡 6:12, 히 12:10

우리는 예수 그리스도를 위해 자신이 가진 최고의 것
도 포기할 준비가 되어 있는가?
그리스도인이 가진 유일한 권리는 자신의 권리를 포기
하는 권리이다. 기독교 선교 역사는 바울처럼 자신의
권리를 포기한 사람들에 의해 이어졌다. 다음엔 누가
그들의 차례를 따를 것인가?

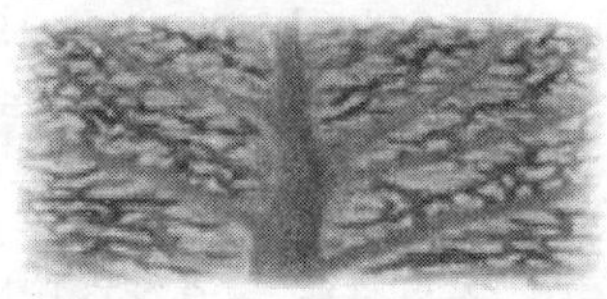

14

제자의 권리

우리가 살면서 잘못된 것들을 끊어야 한다는 주장에 의문을 제기할 사람은 거의 없을 것이다. 그런 것들이 우리 삶을 망치고, 생활의 기쁨을 깨며, 하나님과 사람에게 자신의 유용성을 제한하는 것은 자명하기 때문이다. 그러나 모든 사람이 다, 복음의 유익을 위해 그리스도의 제자들이 완벽하게 옳고 합법적인 것들을 끊어야 할 수도 있음을 수긍하는 것은 아니다.

필자는 오래 전에 수단 내지 선교회(Sudan Interior Mission)의 창립자인 로우랜드 빙햄(Rowland V. Bingham)이 설교한 이 주제에서 인상적인 메시지를 들었다. 그의 희생적인 선교 사역으로 그는 권위를 갖고 얘기할 권리가 있었다. 그 때가 60년 전이었음에도 불구하고 그가 말한 것이 많이 아직도 기억에 선명하고 이제까지 영향을 미친다.

고린도전서 9장에서 바울은 복음 안에서 자신의 권리를 네 번 주장한다. 세 번은 복음을 전파하는 더 큰 관심사 때문에 이들 권리 행하기를 삼가했다고 말한다. 그는 그리스도를 향한 사랑과 복음의 진보를 위해, 자신이 가질 수 있는 어떤 권리라도 없이 지내고 어떤 특권이라도 버릴 준비가 되어 있다고 단언한다. 그가 어느 정도 참을 준비가 되어 있는지 들어 보라. "…그러나 우리가 이 권리를 쓰지 아니하고 범사에 참는 것은 그리스도의 복음에 아무 장애가 없게 하려 함이로라" (고전 9:12).

오스왈드 체임버스(Oswald Chambers)는 이 문제와 관련하여 통렬한 말을 했다. "우리가 예수님을 위해서 잘못된 것들만 기꺼이 포기한다면 그분을 사랑하는 것에 대해서 절대 얘기하지 말자. 어느 누구나 방법만 안다면 잘못된 것들을 그만둘 것이다. 그런데 우리는 예수 그리스도를 위해 자신이 가진 최고의 것을 포기할 준비가 되어 있는가? 그리스도인이 가진 유일한 권리는 자신의 권리를 포기할 권리이다. 우리가 하나님께 최고가 될 수 있다면 불법적인 탐욕의 영역에서 뿐 아니라 합법적인 소원의 영역에서도 포기할 수 있는 힘으로 승리할 것이다."

다른 곳에서도 바울 사도는 합법적인 모든 것이 모든 상황하에서 반드시 유용한 것은 아니라고 했다.

> 모든 것이 내게 가하나 다 유익한 것이 아니요 (고전 6:12).
> 모든 것이 가하나 모든 것이 덕을 세우는 것이 아니니 (고전 10:23).

허용된다고 해서 지나친 정도까지 탐닉하여 그것에 노예가 될 수 있음을 그는 경험으로 알았다. 그래서 이렇게 또 추가한다.

모든 것이 내게 가하나 내가 아무에게든지 제재를 받지 아니하리라 (고전 6:12).

제자는 아무리 옳은 것에 있어서도 그 우선 순위를 아주 신중하게 선택해야만 한다는 뜻이다. 우리가 그리스도인이 경험하는 고지를 목표로 하고 있다면 어떤 권리에 대해서는 자발적으로 거부해야 할 도전이 항상 올 것이다.

그리스도인의 생활만 그런 것은 아니다. 대망을 품고 있는 운동 선수라면 기록을 경신하고 상을 타기 위해서 얼마나 포기할 준비가 되어 있는가!

모든 경우에서와 같이 우리 주님도 이 땅에서 생활하실 때 탁월한 본보기를 보여 주셨다. 하나님의 아들로서 그분은 "모든 것의 상속자"였고 우리의 이상을 초월한 특권과 권리를 누리셨다. 그러나 우리를 위해 그것들을 포기하셨다. 성육신에 관련하여 포기한 엄청난 권리를 상상해 볼 때 그분은 "영원의 궁정을 버리시고 이 세상의 진흙으로 된 어두운 집을 우리와 함께 택하셨다."

하나님의 아들이 "모든 것의 상속자"로서 영광을 누릴 권리를 포기하신 장면을 17세기 한 시인이 생생한 언어로 묘사했다.

> 내 주 예수께서 하신 말씀을 그대는 듣지 못했는지요?
> 그렇다면 이상한 얘기 하나 해 드리지요.
> 그분께서 위엄 있는 영광의 예복을 걸치셨을 때
> 하나님의 권능이 빛을 발했습니다. 어느 날
> 그분은 의복을 벗으시고 저 아래까지 내려가셨습니다.
> 그분께 속한 빛과 반지 장식인 별
> 그분의 활인 별, 그분의 창인 불,
> 하늘빛 망토 하늘이 그분 것이었는데

그것들이 그분께 무엇을 입으시겠냐고 묻자
그분은 미소 지으시고, 가시며
저 아래 놀라운 새 옷을 입으리라
말씀하셨습니다.

조지 허버트(George Herbert)

이 땅에 오신 그분은 고향 생활의 즐거움에 대한 권리와, 천국에서 뜻이 맞는 이들과 지낼 권리, 그리고 마침내 생명 자체에 대한 권리도 포기하셨다. 유일하게 포기하지 않은 권리는 하나님과 사람 사이에 꼭 필요한 중재자로서의 역할이었다. "나는 양을 위하여 목숨을 버리노라...내가 스스로 버리노라" (요 10:15-18). 희생이 "가장 사랑하는 이에게 자신이 가진 최고의 것을 주는 기쁨"이라면, 이따금 우선 순위가 더 높은 권리를 위하여 포기해야 할 낮은 권리가 있을 것이다.

일단 승객이 요금을 지불했으면 버스에 앉을 권리가 있다. 합법적으로 말한다면 아무도 그를 일어나라고 할 수 없다. 그런데 한 팔로 아이를 안고 한 손에는 시장 바구니를 든 아이엄마가 혼잡한 버스에 탔다. 여전히 그는 자리를 지킬 권리가 있다. 하지만 그 여인을 위해 자리를 내어줄 수 있는 더 높은 선택권도 있다. 이와 같이 때때로 복음의 유익(그리고 이 본문에서 그것은 바울의 첫째 임무)을 위해 우리는 어떤 권리들을 포기해야 한다.

바울은 자신이 설교한 것을 실천했다. "내가 모든 사람에게 자유하였으나 스스로 모든 사람에게 종이 된 것은 더 많은 사람을 얻고자 함이라" (고전 9:19). 그는 네 가지 영역에서(4, 5, 6, 11절) 개인적인 권리에 대해 질문한다. 그러나 아주 합법적으로 할 수 있었을지라도 하나도 쓰지 않았다고 말한다 (12, 15, 18절).

정상적인 욕구를 만족시킬 권리

"우리가 먹고 마시는 권이 없겠느냐"하고 묻는다 (고전 9:4). 우상에게 바쳐진 음식이 이전 장의 주제였기 때문에 그는 어떤 음식을 먹을 자유를 주장했을 수도 있다. 그러나 이 문맥에서는 어느 쪽인가 하면, 교회를 희생시켜 먹고 마실 권리가 있음을 주장하고 있는 것이다. 크리스천 사역자가 영적인 일에서 사람들을 섬긴 만큼의 대가를 물질적으로 후원 받을 수 있는 권리이다.

그러나 그의 질문은 먹고 마시는 것 뿐 아니라 그의 모든 정상적인 육체적 욕구를 포함할 수 있다. 그러한 욕구들은 하나님이 주셨기 때문에 거룩하지 않은 것이 아니다. 욕구들 자체는 문제가 없으나 그것들을 죄가 되게 하는 어떤 관계에서 또는 정도 문제에서 탐닉할 수가 있다. 그것들이 합법적이기 때문에 우리가 항상 마음껏 우리 권리를 써야 하는 것은 아니다. 더군다나 그것을 남용하라는 것은 더욱 아니다.

복음을 나누는 기쁨은 바울에게 있어서 음식과 음료보다 훨씬 더 중요했다. 복음의 유익을 위해 필요하다면 그는 기쁘게 굶고 마시지 않았다. 그의 간증이다. "내가 비천에 처할 줄도 알고 풍부에 처할 줄도 알아 모든 일에 배부르며 배고픔과 풍부와 궁핍에도 일체의 비결을 배웠노라" (빌 4:12).

우리는 그의 가치관을 공유하고 있는가? 그의 비밀을 우리도 발견했는가?

타국에 있는 선교사가 자기 고향에 있는 그 어느 신자만큼이나, 맛 좋고 먹고 싶은 음식에 대한 권리를 정당하게 소유한다는 사실을 당연히 논쟁할 수 있다. 그러나 가난한 사람들이 좋은 소식(복음)을 들어야 한다면 생계를 잇는 수준에서 살아야 할 때가 있을 수도 있다. 그의 최고 우선 순위는 영혼을 얻어 제자 삼는

데 있는 하나님의 영광이 되어야 한다.

존 웨슬리(John Wesley)는 욕구에 노예가 되지 않겠다고 결심한 바울에 필적한다. 이에 통달하기 위해서 그는 2년 동안 감자로만 살았다. 그것이 그의 건강에 악영향을 주지 않은 것이 분명한 것은, 그가 89세까지 살았기 때문이다. 그는 금욕주의자가 아니었으나 자기 욕구에 끌려다니는 것을 묵인하려 하지 않았다. 특히 그것이 그리스도의 복음을 방해한다면 말이다 (고전 9:12).

정상적인 결혼 생활의 권리

"우리가 다른 사도들과 주의 형제들과 게바와 같이 자매 된 아내를 데리고 다닐 권리가 없겠느냐?"라고 바울은 묻는다 (고전 9:5). 이것은 더 많은 논쟁 거리를 불러일으킨다. 바울은 결혼을 했을까?

이것은 어쩌면 결정적으로 대답할 수 없는 문제이다. 하지만 그가 결혼했을 수도 있다는 추정의 근거를 주는 증거가 있다. 그는 스데반이 선고를 당할 때 그를 죽이는 표를 던졌다고 진술했다. 이 말은 그가 산헤드린 공회원이었음을 암시하며, 그 자격 중 하나가 결혼한 남자여야 했다. 만약 그렇다면 바울이 개종했을 때 아내가 떠났거나 바울보다 먼저 죽었을 수도 있다. 그러나 결혼을 했든 안 했든 바울은 정상적인 결혼 생활을 할 권리와 아내를 동반할 권리가 있음을 주장했다. 하지만 이렇게 덧붙인다. "그러나 우리가 이 권을 쓰지 아니하고" (9:12절).

말씀의 사역에 부르심을 받은 많은 결혼한 사람들이 국내에서나 해외에서, 자발적으로 배우자와 단기 혹은 장기간, 복음의 유익을 위해 떨어져 있는다. 어떤 이들은 자발적으로 연애하고 결혼할 권리를 포기하여 맡겨진 사역에 더 몸을 아끼지 않고 자신을 드릴 수 있도록 한다. 그러한 값비싼 희생은 주님께서 잊지 않으신다. 그리고 그들은 보상을 얻게 될 것이다.

연애(romance)의 영역에서 바울은 우선 순위를 바로 하고 있었다. 그에게는 하나님의 뜻과 영혼을 얻는 일이 더 중요했다. 그의 최대 관심사는 한 마디로 이것이다. "가능한 한 더 많은 사람을 얻는 것" (19절). 그 밖의 모든 것은 부수적이다. 하나님의 뜻 안에서 연애는 멋지지만 하나님의 뜻밖에서는 비극적이다. 경험으로 보아, 그리스도께 우리가 포기해야만 하는 중대한 이유가 여기에 있는 경우가 많다.

윌리엄 케리(William Carey)가 자신의 선교에 대한 소명과 비전을 아내와 나누었을 때 그녀는 완전히 반응이 없었다. 그가 울고 애걸을 했으나 소용이 없었다. 마침내 이렇게 설득했다. "내가 인도에 정부 관리로 가야 한다면 당신을 준비시켜서 가야만 할 것이오. 더 높은 분이 나를 불렀으니 당신을 준비시켜서 나는 가겠소."

그 와중에 배의 선장이 그를 태워주지 않아서 다른 배를 기다려야 했다. 그 사이에 아내는 마음을 바꾸고 그와 동행하기로 했다. 케리가 결혼 관계에서도 하나님을 먼저 두자 하나님은 그의 믿음과 헌신을 존귀히 여기셨다.

우리를 돌보시는 하나님의 손에 연애와 결혼 생활에 대한 자신의 계획을 맡긴다면 전혀 안전하다는 사실을 자신있게 말할 수 있기를. 독신 선교사에게 이것은 종종 동정적인 이해심이 필요한, 되풀이하여 생기는 문제이다. 소수의 몇 몇 사람에게는 독신으로 남는 것이 하나님의 뜻일 것이다. 자기 뜻대로 연애하는 것은 불행만 기인할 것이다.

모든 경우에, 어려울지라도 하나님의 뜻을 받아들일 때 평강이 있다. 그분은 이 영역에서 자기 권리를 드리는 자를 절대 곤

란하게 하지 않으신다.

정상적인 휴식과 오락의 권리

"어찌 나와 바나바만 일하지 아니할 권이 없겠느냐?" (고전 9:6)

여기서의 질문은 육체 노동을 그만하고 다른 사도들과 같이 교회의 후원을 받을 제자의 권리를 말한다. 또 한 번 그는 이 권리를 거절한다.

"다른 이들도 너희에게 이런 권을 가졌거든 하물며 우리일까 보냐 그러나 우리가 이 권을 쓰지 아니하고" (12절).

바울이 교회의 후원을 거절하는 납득할 만한 이유가 있다. 그는 자기 유익을 위해 권한을 부당하게 이용한 탐욕스러운 제사장들과 같은 부류가 되고 싶지 않았다. 그리고 자신의 자립을 유지하기 원했다. 재정적인 문제가 확보되었을 때 사도의 권한을 더욱 자유롭게 이용할 수 있었다. 너무나 자주 사람들은 돈을 대면서 자기 생각대로 지시한다. 그가 돈을 받지 않으면 정책 문제에 관해서 사람들이 마음대로 지시할 수 없고, 그러면 기율의 문제에서 행동하기가 더 자유로웠기 때문이다.

이와 관련된 원리로, 정상적인 휴식 및 오락에 대한 제자의 권리나 정상적인 휴가에 대한 선교사의 권리 문제까지도 넓혀 생각할 수 있다. 구약 시대에 하나님은 주님을 위한 여러 축제에서 정해진 휴식과 오락(휴양)을 공급하셨다. 그것들은 영적인 재생뿐만 아니라 육체적인 소생을 위해서이기도 했다.

제자의 생활에는 오락을 할 수 있는 여지가 있다. 우리가 즐기는 오락의 타당성을 잘 시험할 수 있는 기준은 이것이다. 그렇게 휴양을 즐기고 나면 내가 더 훌륭하고 강건한 종이 되고 영혼을 더 효과적으로 얻는 사역을 할 수 있을 것인가?

필자를 포함하여 많은 크리스천 사역자들은 휴식과 휴양에 적당한 시간을 분배하지 못하는 바람에 큰 대가를 치루었다. 스코틀랜드의 젊은 로버트 머레이 맥케이니(Robert Murray McCheyne) 목사처럼 말이다. 그는 끊임없는 노고로 인해 완전히 지쳐서, 29세의 나이에 임종했다. 그는 침대 곁에 앉아 있던 친구에게 이렇게 말했다. "주님께서 내게 말 한 마리를 주시고, 가서 전하라 하셨는데. 아, 그런데 내가 그 말을 죽였으니 말씀을 전할 수가 없어!"

그러나 국내에서나 해외에서 하는 우리 크리스천의 사역 과정에서 인정해야만 하는 것은 복음의 유익과 추수하지 않은 곡식을 위해 오락이나 휴가는 잠시 보류해야 하는 경우가 있다는 사실이다. 제자는 이웃의 필요가 있는 곳에서 자신의 권리는 제쳐둘 준비를 해야 한다.

적절한 보수를 받을 권리

"우리가 너희에게 신령한 것을 뿌렸은즉 너희 육신의 것을 거두기로 과하다 하겠느냐? 다른 이들도 너희에게 이런 권을 가졌거든 하물며 우리일까보냐 그러나 우리가 이 권을 쓰지 아니하고" (고전 9:11-12).

곡식을 생산하는 농부가 그것을 가질 권리가 있고 포도를 심는 사람이 그 열매를 가질 권리가 있다는 일반적 원칙을 예로 들어 바울은 주장을 뒷받침하고 있다. 곡식을 도리깨질하는 소에게도 망은 씌우지 않는다는 것이다. "이와 같이 주께서도 복음

전하는 자들이 복음으로 말미암아 살리라 명하셨느니라” (14절).

바울은 사역 내내 재정 문제를 꼼꼼히 처리했다. 자신의 결정이나 행동에 영향을 주는 재정적 보수는 받지 않았다. 돈은 인격을 정확히 보여 준다. 우리의 참된 부는 우리 인격에 무엇이 들어 가는가 이며 이것들이 우리에게 영원히 남는다. 바울은 돈에 대한 태도가 “깨끗했다.” 모든 크리스천 사역자들이 그렇다고 말할 수 없는 부분이다. 그는 재정의 영역에서 승리했고 그리스도를 위한 영혼을 더욱 얻을 수 있도록 교회의 후원을 받을 권리를 거절했다 (12절).

우리에게 돈이 많든 적든 간에, 그것에 대한 우리의 태도는 드러난다. 부나 가난 그 자체로는 도덕적으로 좋고 나쁜 것이 아니지만, 그에 대한 우리의 태도가 참된 영성의 시금석이 된다. 물질과 돈의 가치가 최고인 이 세상에서 그 폐해를 면하기란 쉽지 않다.

상대방의 인격을 많이 알고자 할 때 돈에 대한 태도를 참작하라. 모든 크리스천 사역자들이 재정 관리자의 문제를 통달한 것은 아니다. 그 결과 많은 이들이 영적 효율성을 잃었다. 바울은 그 덫에 빠지지 않았다.

동기

이제까지 논한 네 가지 민감한 영역에서 우리 권리의 자발적인 거부는 평범한 동기와 헌신보다 더 많은 것을 요구할 것이다. 어떤 이들은 그 대가가 너무 엄청난 것을 알고는 물러설 수도 있다. 그런데 감사하게도 바울은 기준만 세우지 않고, 그렇게 희생이 큰 거절을 자신이 기쁨으로 할 수 있게 된 동기까지도 나누었다.

먼저, 긍정적인 요소들이다. "내가 복음을 전할 때에 값없이 전하고 복음으로 인하여 내게 있는 권을 다 쓰지 아니하는 이것이로라" (고전 9:18). "여러 사람에게 내가 여러 모양이 된 것은 아무쪼록 몇몇 사람들을 구원코자 함이니" (22절). "내가 복음을 위하여 모든 것을 행함은 복음에 참예 하고자 함이라" (23절). "우리는 썩지 아니할 면류관을 얻고자 하노라" (25절).

바울은 이렇게 긍정적인 동기를 아주 강하면서도 부정적인 동기로 뒷받침한다. "우리가 이 권을 쓰지 아니하고 범사에 참는 것은 그리스도의 복음에 아무 장애가 없게 하려 함이로라" (12절). "내가 이것을 하나도 쓰지 아니하였고...내가 차라리 죽을지언정...누구든지 내 자랑하는 것을 헛된 데로 돌리지 못하게 하리라" (15절). "내가 내 몸을 쳐 복종하게 함은...내가 도리어 버림이 될까 두려워함이로라" (27절).

그리스도를 위한 목적에 열심이고, 참된 제자의 대가를 치룰 준비가 되었으며, 복음의 확장에 열정을 가진 제자에게 강력한 동기가 되지 않을 수 없다. 특히 기독교 선교 역사에는, 바울에 필적할 만큼 권리를 포기한 사람들이 많았다. 누가 그들의 차례를 따를 것인가?

□ 연구 질문

1. 우리의 "권리"를 포기하기가 왜 어려운가?

2. 다음 네 가지 문제 영역 중 본인에게 가장 민감한 것은? 욕구, 결혼, 레크리에이션, 돈?

3. 자신이 쥐고 있던 "권리"를 이번 기회에 기꺼이 포기하는 것이 있다면?

□ 성경 탐구

1. 권리에 대한, 돈에 대한 태도가 왜 제자의 내적 생활과 영성을 그렇게 잘 드러내는가? 다음의 구절을 통해 알 수 있는 참된 제자의 권리는?

고전 6;12, 고전 9:4-15, 고전 9:18-27, 고전 10:23, 요 10:15-18

사회 구조가 무너지고 생활이 황폐해지는 우리의 시대
에 영감을 주는 역할 모델을 찾아 젊은이들이 헤매이
고 있다. 사람들에게 이제 들을 가치가 있는 진리를 들
려 줄 뿐만 아니라 모방할 가치가 있는 삶을 보여 주어
야 한다.

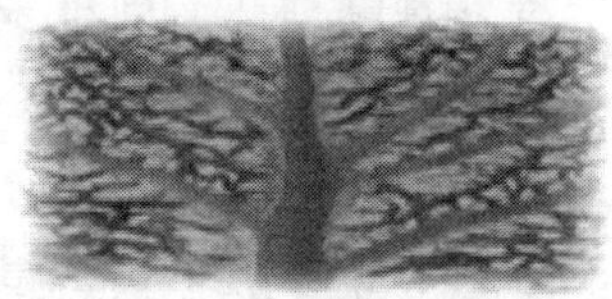

15

제자의 모범

말과 행실과 사랑과 믿음과 정절에 대하여
믿는 자에게 본이 되어. - 딤전 4:12

바울은 자기가 키우는 사람들이 "예수 그리스도의 훌륭한 사역자"로 발전하기를 간절히 원했다. 디모데에게 보낸 두 편지는 바울이 에베소에 있는 중요한 교회에서의 사역을 예상하여 디모데를 대비하고 격려할 목적이었다. 이 에베소 교회는 바울이 서신을 보낸 교회 중 가장 성숙한 교회였다. 이 교회는 바울을 포함하여 기라성 같은 재능 있는 사람들을 누렸었다. 디모데는 자신이 상대적으로 어린데다가 경험도 없다고 아주 예민하게 느끼며, 떨림으로 자신이 맡게 된 책임을 보았을 그 젊은 청년이 눈에 선하다. 그래서 나이 들고 경험이 많은 사도가 전략적인 사역을 그가 할 수 있도록 더 갖추고 리더의 잠재력을 계발하도록 권면과 격려를 하는 것이다. 이 권면은 그 때와 마찬가지로 오늘날에도 관련된다.

모범을 추구

"범사에 네 자신으로 선한 일의 본을 보여" (딛 2:7).

사회 구조가 무너지고 가정 생활이 황폐해진 우리 시대에는 영감을 주는 역할 모델로서 젊은이들이 바라볼 수 있는 이가 없어, 수많은 젊은이들이 혼동 상태에 있다. 그들은 집에서 아버지나 어머니 없이 성장하였고 사회에서는 성적인 난잡함과 방종, 폭력을 촉진한다. 따라서 그들은 무의식적으로 매력적인 본을 보이는 모범을 찾고 있다.

최근에 필자는 한 친구와 대화하다가 깜짝 놀란 적이 있다.

"40년 전 헤이즐씨가 당신 사무실에 있었을 때 생각나세요?" 하고 그녀는 물었다.

내가 그렇다고 하자 친구가 이렇게 대답했다. "그분이 고아원에서 자란 것 알고 있었나요? 누가 부모님인지도 모르고 한 번도 사랑받아 본 적도 없고 부부간의 사랑도 본 적도 없었대요. 그런데 그분이 당신 사무실에 왔을 때, 정말 그런 사랑이 있는지 당신 부부를 자세히 지켜봤다더군요."

물론 나는 그녀의 배경을 알고 있었지만, 필사적으로 역할 모델을 찾고 있는 어린 아가씨의 현미경 아래, 나와 내 아내가 항상 있었는지는 전혀 몰랐었다. 우리가 그녀를 실망시켰다면 그 여인이 어떻게 되었을까 생각하니 몸이 떨렸다.

그리스도를 찾는 자들에게 우리가 그리스도의 특성을 보여 줄 수 있다고 생각만 해도 얼마나 신이 나는지.

제자들은 본이 되는 라이프 스타일로써 타인에게 주님의 아름

다운 성품을 나타낼 수 있다. 바울이 디도에게 보낸 편지에서는
종들이 자기 주인을 기쁘게 하기 위하여 일하기를 가르치라고
강조한다. 그 결과 "범사에 우리 구주 하나님의 교훈을 빛나게
하려"는 것이다 (2:10). 확실히 우리의 삶 때문에 우리의 가르치
는 것이 타인의 마음을 끌 수가 있다. 사람들은 들을 가치가 있
는 진리를 들을 뿐 아니라 모방할 가치가 있는 삶도 봐야 할 것
이다.

이 구절을 영어 성경 킹 제임스 버전으로 하면 "in every way
adorn the doctrine(모든 면에서 교리를 치장하도록 함)"이다. 여기
서 'adorn(장식하다, 꾸미다)'이란 단어는 아름다움이 가장 잘 돋
보이도록 보석으로 보기 좋게 꾸민다는 의미이다. 이것이 우리
의 특권이다.

제자의 사적인 생활이 공적인 사역의 실효성을 무효로 만들
수가 있다. 어떤 모임에서 필자가 말씀을 전하는데 지역 교회의
한 유명한 부감독이 자리했다. 설교를 마치자 그가 말을 해도 좋
겠냐고 물었다.

그가 한 말은 이러했다. "하나님은 오늘 저녁 제게 말씀하셨습
니다. 여러분 대부분이 저를 아시는데, 제가 고백하기를 원합니
다. 사람들 앞에 있을 때, 저는 항상 명랑하고 기분이 좋고 들떠
있습니다. 하지만 집에서는 다른 사람입니다. 거리에서는 천사였
고 집에서는 악마였습니다. 저는 성질이 못돼서 아내와 가족을
힘들게 했습니다. 저는 하나님께 용서를 구했고 남의 눈에 띄지
않아도 여러 사람 앞에 보이려 노력하는 것처럼 저를 만들어 달
라고 했습니다." 그의 개인적인 생활이 공적인 사역을 무효로 만
들었었던 것이다.

디모데에게 보내는 첫 번째 편지에서(특히 4장 6-16절) 바울은
시대를 초월하여 젊은이들에게 관련되는 권면을 하고 있다. 이

로부터 오늘날 모든 제자는 공인된 사역이나 보통 평신도 활동에서 모두 유익을 얻을 수 있다. "네가 이것으로 형제를 깨우치면 그리스도 예수의 선한 일군이 되어"라고 썼다 (6절). 그가 명령하는 바를 몇 가지 살펴보도록 하자.

본인의 경건 훈련

우리는 저절로 더욱 더 경건해지지 않는다. 더욱 경건해지는 것은 우리 손에 있다고 바울이 말하며 그것은 훈련(training)을 수반한다. 앞에서 말했듯이 원문에 있는 'train'에서 우리가 쓰는 'gymnasium(체육관)'이란 단어가 나왔으므로 이런 의미에서 "신체나 마음을 훈련시키는 것"을 말한다. J. B. 빌립스(Phillips)는 7절을 이렇게 표현한다. "시간을 들여서 자신이 영적으로 계속 강건하도록 수고하라." 운동 선수가 올림픽에서 금메달을 따기 위해서 하는 것처럼 우리는 영적으로 강건함을 유지하기 위해 애써야 한다는 말이다.

훈련은 규칙적으로 굽히지 않는 노력을 뜻하며, 시간과 운동(activity)을 요할 것이다. 그것은 우리가 해야만 하는 것이다. 다른 무엇보다도 꾸준한 경건의 생활을 유지하는 것이 필요할 것이다.

어린것에 대한 보충

"누구든지 네 연소함을 업신여기지 못하게 하고 오직 말과 행실과 사랑과 믿음과 정절에 대하여 믿는 자에게 본이 되어" (12절).

바울은 디모데가 상대적으로 어리다고 해서 지도자로서 문제가 된다고 느낄 필요가 없다고 말한다. 어떤 경우에든지 시간이 해결해 줄 것이다. 하지만 그는 자신의 생활에서 교회에 좋은 본을 보임으로써 아직 어리기 때문에 인정받을 수 없는 것을 보충할 수 있었다.

바울은 디모데가 주의해야 할 다섯 가지 영역을 명시했다. 이것은 젊은 사람들에게 가끔 부족한 부분이다. - 언어, 라이프 스타일, 사랑, 믿음, 정절.

디모데가 아주 어리지 않았을지라도, 에베소 교회의 많은 장로들은 그보다 나이가 많았을 것이다. 그러나 그는 풋내기 취급을 당하지 않았다. 그는 거기서 하나님의 부르심에 응한 자였다. 동사 시제를 보면 그런 뜻을 알 수 있다. "누구라도 너를 차별 대우 하는 것을 멈추게 하고...네가 어린것을 경시하기 때문에, 인격의 결함으로 한 치의 우세한 지반을 아무에게도 잃지 말아라" (K. S. Wuest).

성경 낭독에 전념하라

"읽는 것과 권하는 것과(preaching) 가르치는 것에 착념하라" (13절).

디모데는 탁월함 때문에 말씀 사역의 세 가지 요소를 받았음을 알고 그것에 정성을 기울여야 했다. 하나님의 음성을 듣는 것은 말씀의 공개 낭독을 통해서이다. 그 명령이 더 충실하게 지켜지지 않는 것이 안타깝다. 예배식 교회에서는 성경의 여러 다른 본문을 낭독하고 있으나 다른 많은 교회에서는 그런 일이 드물다.

두 번째 요소는 권하는 것(preaching)이다. 권하는 것은 성경을 낭독한 다음에 온다. 진리가 참으로 유익한 것이 되기 위해서는

행동으로 옮겨져야 한다. 반복적으로 진리를 듣기만 하고 그에
반응하지 않는 것은 영적으로 아주 해롭다. 권면에는 충고, 격려,
잘못에 대한 경고가 포함될 것이다. 요즘 시대에 설교는 다소 질
이 떨어져서 대화, 토론, 상담을 좋아한다. 하지만 그 명령한 바
는 "말씀을 권하라"이다.

세 번째 요소는 가르침이다. 기독교 신앙의 큰 중심 진리에 관
한 가르침에서 조직화된 내용을 전달하는 것이다. 이단이 너무
많기 때문에 "올바른 신학이 최고의 대책이다."

은사를 경시하지 말라

"네 속에 있는 은사...받은 것을 조심 없이 말며" (14절).

이 은혜의 선물은 디모데가 사역에 준비되고 강해지도록 성령
님께서 주신 특별한 내적 자질이었다. 여기서 어떤 은사인지는
말하지 않는다. 동사 'neglect(소홀히 하다)'의 시제로 보아 은사에
대해서 "경시하기를 그만두라" 또는 "무관심해지지 말라"는 뜻
이 되겠다. 숫기 없는 디모데가 이 점에서 자극이 필요했던 것
같다.

영적 은사인 "카리스마(charisma - 하나님이 주시는 재능, 권능
- 역주)"는 예언에 의해서 주어지는 것이 아니다. 오히려 예언은
부속물이다. 손을 놓는다는 것은 언제나 상징적일 뿐 어떤 효과
가 있는 것이 아니다. 은사는 타인의 유익을 위해 주어진 것이
다. 그러므로 그는 그것을 계속 훈련해야 했다. 그렇게 함으로써
그것을 받은 이후로의 진보를 증거하게 될 것이다 (15절).

직무에 몰두하라

그는 몸을 아끼지 않고 자기 사역에 자신을 던져야 한다. A. T. 로버트슨(Robertson)은 여기서 "be diligent"가 "최대한도로 일하라"는 의미라고 한다. 아무 지체없이!

디모데는 어떠한 마지막을 기대하고 있어야 하는가? "너의 진보를 모든 사람에게 나타나게 하라." 거룩함과 그리스도를 닮아가는 데 있어서 그의 진보는 모든 사람에게(교회 가족뿐 아니라 다른 이들에게도) 보일 만큼 표가 나야 한다. 영적 생활에서 나는, 내가 같이 살고 일하는 사람들과 내가 사역하는 사람들에게 분명히 보일 정도로 명확히 진보하고 있는지 아니면 영적 생활이 정체되어 있는지 스스로 물어 보자.

제자가 접하게 되는 두 가지 위험이 있는데 이것을 인식해야 할 것이다. 하나는 너무 길어진 영적 유아기이다. 풍성하게 은사를 받았지만 아직도 혼동스럽고 영적으로 비성숙한 고린도 교회에 바울이 보낸 편지는 그런 심정에서 기록되었을 것이다.

> "형제들아 내가 신령한 자들을 대함과 같이 너희에게 말할 수 없어서 육신에 속한 자 곧 그리스도 안에서 어린아이들을 대함과 같이 하노라 내가 너희를 젖으로 먹이고 밥으로 아니하였노니 이는 너희가 감당치 못하였음이거니와 지금도 못하리라" (고전 3:1-2).

두 번째 위험은 영적 노쇠이다. 유대 기독교인들에게 보낸 편지에 보면, 그들 중 몇몇이 영적으로 노쇠한 상태로 퇴보하여 이러한 경고를 받는다.

"때가 오래므로 너희가 마땅히 선생이 될 터인데 너희가 다시 하나님의 말
씀의 초보가 무엇인지 누구에게 가르침을 받아야 할 것이니 젖이나 먹고 단단
한 식물을 못 먹을 자가 되었도다 대저 젖을 먹는 자마다 어린아이니 의의 말
씀을 경험하지 못한 자요 단단한 식물은 장성한 자의 것이니 저희는 지각을
사용하므로 연단을 받아 선악을 분변하는 자들이니라" (히 5:12-14).

디모데는 그러한 위험을 경계하고 꾸준히 성숙함을 향하여 눈
에 보일 정도로 진보해야 했다.

꾸준한 진보를 보이라

"너의 진보를 모든 사람에게 나타내라" (딤전 4.15).

이 도전을 받고 우리의 눈에 보이는 진보가 얼마나 되는지 혹
은 얼마나 부족한지 잰다는 것은 필자의 개인적인 경험으로 보
아 매우 유익한 경험이다. 이를 위해 가장 좋은 측정 도구는 바
울이 갈라디아서 5:22-23절에 묘사한 성령의 열매이다. 그러면
함께 탐험의 항해를 시작하자. 그 기준은 이렇다.

"오직 성령의 열매는 사랑과 희락과 화평과 오래 참음과 자비와 양선과 충
성과 온유와 절제니."

우리 주님의 삶에 너무나 풍성하게 흘러 넘쳤던 이 아름다운
성품이 우리의 영적 수준을 재는 분명한 표준이다. 이와 같은 질
문을 해보자. 나는 석 달 전보다 사람들을 더 사랑하고 있는가?
사랑에서의 어떤 진보가 보이는가? 보인다면 누가 그것을 보았
는가?

이 아홉 가지 능력은 가령 포도송이와 같은 한 묶음으로 생각해야 한다. 하지만 사랑은 모든 것을 포함하는 특성이 있다. 이어지는 여덟 가지는 사랑의 다른 표현일 뿐이며, 사랑은 그 여덟 가지 모두의 동기가 되는 원리이다. 하나하나 점검해 보자.

처음 세 가지 특성은 하나님과 나의 개인적인 동행에 관련된다.

사랑

사랑에는 이기심이 없다. 여기서 말하는 사랑은 비이기적인 사랑이다. 단순히 인간의 사랑을 넘어선다. 성령님께서 우리 마음에 부어 주신 하나님의 사랑이다 (롬 5:5). 성령님은 하나님과 다른 사람을 사랑하는 성향과 하나님의 사랑을 모두 생기게 한다. 이것은 사랑스럽지 않고 적대적인 이 앞에서도 아름답게 피어나는 요소이다.

다른 이들이 나의 삶에서 사랑의 진보를 알아볼 수 있는가?

희락

사랑에는 눌림이 없으므로 자연히 기쁨이 오게 된다. 사랑하고 있는 사람들에게는 기쁨이 있다. 희락은 쾌활하거나 유쾌한 것만을 말하지 않는다. 물론 세상의 "행복, 즐겁게 보내는 것"에 상응한 것이다. 하지만 그것을 훨씬 초월하며 외부의 사건과는 상관없는 것이다. 그리스도인의 기쁨은 상황에 달려있지 않으며 슬픔과 함께 있을 수 있다. 바울은 자신이 "슬플지라도 항상 기뻐한다"고 했다. 하나님의 사랑으로 가득찬 심령은 "성령 안에서의 기쁨"으로 충만해진다.

다른 이들이 나를 기뻐하는 사람으로 보는가?

화평

사랑에는 불안이 없다. 오히려 내적 평온과 고요함이 있다. 내일의 근심을 오늘 미리 빌리지 말라. 화평은 사랑이 가라앉아 있는 것이다. 문제가 없어서이기보다는 하나님의 임재하심때문이다. 희락과 같이 이것도 제자들에게 물려주신 주님의 유산이다. "이것을 너희에게 이름은, 너희로 내 안에서 평안을 누리게 하려 함이라" (요 16:33).

성령님께서 마음 아파하지 않으실 때 평강의 비둘기가 내 마음에 내려앉을 수 있다.

근심을 이기는 일에 나는 진보하고 있는가?

다음 세 가지 특성은 이웃과 나의 동행에 관련된다.

오래 참음

사랑은 성급하거나 안달하지 않는다. 바울이 다른 구절에서 "사랑은 오래 참고"라 했다. 참을성은 하나님의 두드러진 속성이다. 그래서 우리가 너무나 자주 은혜를 보기도 한다. 사랑은 하는 것에 보다는 하기를 억제할 것에 오히려 관련된다. "사랑하는 힘은 참을성의 정도로 측정할 수 있다." 이 좋은 성품이 있으면 우리가 아무리 힘들어도 다른 이의 개성, 짜증(화), 결점, 실패 등을 참을 수 있다.

나는 석 달 전보다 더 오래 참는가?

자비

"사랑은 상냥하기 때문에", 사랑에는 마찰을 일으키기 쉬운 것이 없다. 이것은 우리를 향한 하나님의 태도를 비춰준다 (엡 2:8). 친절한 사람은 다른 사람의 감정에 민감해서, 사랑스럽지 않고 사랑받지 못할 만한 이에게도 항상 친절하게 행동할 기회를 찾는다. 자비는 거칠거나 붙임성 없어 보일 수 있는 말 한 마디나 행동을 원숙하게 한다.

나는 더욱 다정한 성향을 계발하고 있는가?

양선

사랑에는 악행이 없다. 양선은 현대 사회에서 집 없는 아이 취급을 당하는 경향이 있다. 양선은 새로운 것이 아니다. 사람들은 이것을 자주 비웃고 놀린다. 누구를 놀릴 때 "goody-goody"라고 하지 않는가?

"하나님이 나사렛 예수에게 성령과 능력을 기름 붓듯" 하신 것은 인상적인 사실이다 (행 10:38). 그 결과를 무아지경의 경험이나 극적인 기적, 또는 불타오르는 듯한 설교로 말하지 않았고 다만 "저가 두루 다니시며 착한 일을 행하시고"라 했다. 양선은 적극적인 자비심이다.

나는 전보다 눈에 보이게 더 좋은 사람인가?

마지막 세 가지 특성은 나와 내 자신과의 사적인 동행에 관련된다.

충성

사랑에는 변덕이 없다. 이 열매에는 "믿음(faith)" 그 자체의 의미보다는 오히려 믿을 수 있음(dependability), 신뢰도(reliability), 신용 상태(trustworthiness)라는 의미에서의 "충실(faithfulness)"이다.

이것은 매우 귀한 자질이다. 우리가 정말 잘 끝냈다면, 우리의 책임 수행에 충실했다면 높으신 주님께서 해 주실 가장 큰 칭찬은 "잘했다, 착하고 충성된 종"이라는 말이다. 충성은 결코 포기하지 않고 실망시키지 않는 믿음직한 성품을 말한다.

남들이 나를 믿을 수 있는 정도가 크게 진보하고 있는가?

온유

사랑에는 보복이 없다. 온유는 단순히 온순한 기질이 아니다. 이것을 사람들이 소망하거나 원하지도 않는다. 하지만 주님은 이렇게 주장하셨다. "나는 마음이 온유하고 겸손하니" (마 11:29). 온유함은 자기 주장과 반대된다. 온유한 사람은 본질적인 문제가 개입되거나 하나님 나라의 이해 관계가 문제되지 않는 한, 자신의 권리와 특권을 위해서 싸우지 않는다. 땅을 기업으로 받을 자는 공격적인 자가 아니라 온유한 자라고 예수님께서 말씀해 주셨다 (마 5:5).

나는 온유한 심령을 더욱 나타내고 있는가?

절제

사랑에는 방종함이 없다. 그림(Thayer-Grimm)은 이 특성을 "욕구 및 감정 특히 육욕적인 것의 통제에 필요한 덕"으로 정의한다. 바울은 제자의 훈련이 어떠해야 할지 그 예로서 올림픽 게임에서 경쟁자를 두고 연습하는 훈련을 든다. 절제는 본인이 스스로를 통제하는 것이 아니다! 우리가 그분의 다스리심에 자신을 맡길 때 우리의 욕구와 감정을 통제하시는 성령님께서 제어하시는 것이다.

남들이 나를 우아하게 훈련된 사람으로 보는가?

이것들을 끝까지 해내라

인내

바울의 마지막 권고는 '끈기 있게 노력하라(persevere)'는 것이다. "이 일을 계속하라" (딤전 4:16). 즉, "깨어서 거룩한 삶에 마음을 모으기를 지속하라”는 것이다. 이 일을 계속할 때 “네 자신과 네게 듣는 자를 구원하리라”고 했다 (16절). 이것은 사람들이 “이 악한 시대”에서 구원받도록 돕는다는 의미에서이다 (갈 1:4).

제자가 거룩한 생활에서 꾸준히 진보할 수 있게 하는 원동력은 무엇인가? 그러한 성품들이 성령 하나님의 속성이라는 것이 힌트이다. 성령님은 우리가 그리스도의 주권 아래 살 때 우리 삶에 열매를 내신다. 고린도전서 12장 3절에서 “성령으로 아니하고는 누구든지 예수를 주시라(계속 고백) 할 수 없느니라”고 했다. 우리가 그리스도를 닮아 가는 일에서 멈추지 않으려면 끊임없이 성령으로 충만하여, 그분께서 우리 삶에 아름다운 열매를 맺으실 수 있도록 해야 한다.

□ 연구 질문

1. 다른 신자들에게 자신이 본이 되는 것에 있어서 가장 신경을 쓰는 부분은? 언어, 생활, 사랑, 믿음, 정절?

2. 본인이 모범이 되는 것과 단순히 남들이 나를 어떻게 생각할지 두려워서 신경 쓰는 것간의 차이를 어떻게 말할 수 있는가?

3. 지난 몇 개월 동안 본인의 생활에서 어떤 성령의 열매의 진보가 보였는가?

4. 다른 신자들에게 더 좋은 모범이 되기 위해 이번 주에 가장 잘 변화된 모습을 보일 수 있는 한 가지는?

□ 성경 탐구

1. 다음의 구절들을 '모범'이라는 측면에서 생각해 볼 때 본인에게 어떤 점에서 도전이 되는가?

고전 3:1-2, 딤전 4:6-16, 딛 2:7-10, 히 5:12-14

외로움은 에덴 동산에서부터 비롯되었다. 외로움이
좋지 못하다는 말은 하나님 말씀으로 처음 시작되었
다 (창 2:18) .
모든 외로움 중 가장 매서운 것은 하나님과 교제를 나
누지 못하고 그분으로부터 소외되는 것이다.

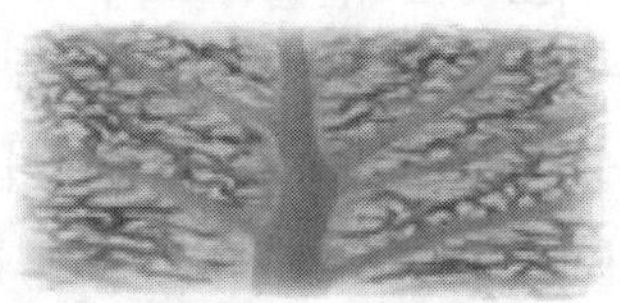

16

제자의 고독

너희가…나를 혼자 둘 때가 오나니…내가 혼자 있는 것이 아니라
아버지께서 나와 함께 계시느니라. —요 16:32

인간에게 어느 정도의 외로움은 자연스럽고 정상적이다. 인간의 상태 중 일부인 것이다. 외로움은 빈부 귀천을 막론하고 모든 삶에 밀려들어와 두려워하지도 않고 친절을 보여 주지도 않는다. 그리스도의 제자라는 사실만으로 그 촉수가 닿는 범위를 넘어서지 못하는데 그것은 전 세계적 풍토병이기 때문이다.

인자(人子), 예수님은 이 땅에서의 생애 동안 외로움을 경험했다. 따라서 외로워지는 것은 죄가 아니다. 죄와 상관없는 인간 본성의 연약함으로 분류할 수 있다. 그러므로 외로워서 괴로운데, 거기다가 죄의식의 짐까지 더할 필요가 없다. 그러나 외로움은 쉽게 죄를 낳을 수 있다.

외로움은 사회에서 가장 만연된 문제이며, 널리 퍼진 윤리적,

사회적 표준의 붕괴로 그 참혹한 황폐함이 더욱 심화되었다.

외로움(loneliness)은 "친구들이 없고, 홀로 있으며, 의지할 곳 없는 느낌의 상태"로 정의한다. 의성어적인 단어로서 그 쓸쓸함의 반향(echo)을 전해 준다. 그리고 그것은 최근의 문제가 아니다. 에덴 동산에서 시작되었으니 말이다. 외로움은 좋은 것이 아니라는 애기가 하나님의 말씀으로 처음 기록되었다는 사실이 인상적이다. "여호와 하나님이 가라사대 사람의 독처하는 것이 좋지 못하니 내가 그를 위하여 돕는 배필을 지으리라 하시니라" (창 2:18).

그러나 나중에 아담은 다른 외로움을 경험한다. 죄에서 나온 외로움이다. 하와가 유혹자의 계략에 넘어간 후 그들은 얼음장 같은 공포의 손에 붙잡혔다. 하나님과 무제한적인 교제를 누리지 못하고 그들은 이제 그분으로부터 소외되는 외로움을 알게 되었다. 그것은 모든 외로움 중에서 가장 매서운 것이다.

외로움은 여러 모양을 하고 찾아온다. 때때로 내적 공허함, 텅 빈 느낌(덧없음)같기도 하고 혹은 사무치는 쓸쓸한 느낌, 불명확한 만족에 대한 깊은 갈망 같기도 하다. 가깝고 소중한 관계를 잃었을 때 더욱 괴롭히는 상태를 유발한다.

현대의 사회적 및 환경적 요소가 가장 큰 원인이다. 이들 중 주된 것이 배우자의 사망인데, 특히 오랫동안의 관계를 맺고 있었을 경우가 그렇다. 집이 이사가는 것도 아이들에게 치명적인 경험이 될 수 있다. 친밀한 장면이나 친구들과 헤어짐은 상처와 단절을 남긴다.

이혼 또는 이별을 겪은 거의 모든 사람이 어른이나 아이거나 외로움의 길을 밟아야 한다. 그것은 가슴 아픈 공간을 남기기 때문이다.

외로움이 아닌 고독

외로움을 고독과 같다고 생각하는 것은 잘못이다. 고독은 본인이 선택하는 것인 반면 외로움은 원하지 않아도, 싫어도 찾아온다. 고독은 물리적인 것이며 외로움은 심리적인 것이다. 외로움은 부정적이고 비생산적이지만 고독은 건설적이고 열매를 맺게 될 수 있다.

야곱이 자기가 속인 형이 다가오는 것을 불안해하며 장막에서 기다린 것은 "혼자 남았을 때"였다. 그 때 야곱은 인생이 뒤바뀌는 경험을 한다.

외로움이 공격하는 양상은 다양하다. 감정적인 부분이 아마 가장 괴로움을 줄 것이다. 친밀한 관계였던 사람을 잃거나 헤어지게 될 때 생기는 공간은 채우기가 어렵다. 유일한 해결 방법은 새로이 깊은 관계를 형성하는 것이다. 당사자에게는 불가능하게 보여도 그렇지 않다. 흔들리지 않는 결의가 필요하지만 불가능하지 않다.

희생자는 사회적인 면에서 "버려졌거나" "쓸모 없다고" 느낄 수 있다. 그 결과 그는 자연히 움츠러들게 되고 자신이 살고 있는 공동체와의 접촉을 잃게 된다. 이것은 항상 그런 것은 아니지만 대개 자신이 만든 고립이다. 그러한 사회적 소외감 또는 분리의식은 특히 인종 그룹들 사이에서 흔하다. 슬프게도 그리스도의 사랑을 보이며 외로운 사람들을 돌보는 데 앞장서야 할 교회에서조차 그런 일이 많다.

앞에서 말했듯이 영적인 부분에서의 외로움은 사람을 가장 황폐하게 만든다. 유일하게 인간의 마음을 채우고 만족시키실 수 있는 하나님과 분리되었기 때문이다.

면역되지 않은 인생의 모든 단계

이 영혼의 질병은 인생의 어느 단계에만 국한되지 않는다. 세익스피어의 작품 중에 '인간의 일곱 가지 나이'를 그린 희곡이 있다. 그는 특유의 신랄함으로 인생의 각 단계적 특성을 가장 정확히 그려냈다. 그러나 한 가지 확실한 사실은 외로움의 공격을 당할 염려가 없는 나이가 없다는 것이다.

놀랍게도 연구에 의하면 외로움은 나이든 사람들보다 청년기나 젊은 사람들 사이에 심하게 만연되어 있음이 밝혀졌다. 젊은이들은 특히 또래 그룹에게 받아들여지려는 필요를 절실히 느끼며 동료들의 찬성을 받기 위해서라면 거의 무엇이든지 할 것이다. 그들은 어린이와 노인 사이에 "끼어 있다"고 느끼며 어느 쪽에도 일체감을 갖지 못한다. 이것이 그들로 하여금 마약, 알코올 기타 해로운 습관에 의지하도록 한다.

외로움은 젊은이들을 불시에 습격한다. 하지만 나이 든 사람들은 그것이 반갑지는 않지만 어떤 모양으로든지 찾아올 것이라는 생각을 다소 하고 있다. 따라서 그러한 현실에 부딪힐 때 그렇게 놀라지 않는다.

하지만 노인들은 친구들이나 사랑하는 사람이 하나 둘씩 고향으로 돌아갈 때 혹은 자녀들이 멀리 떠나고 쇠하는 기력으로 인생이 짐이 될 때 지독하게 외로움을 느낀다. 그들은 자신이 더 이상 필요한 존재도 아니고 어쩌면 귀찮은 존재가 되었다고 느낀다.

불안할 정도로 급속히 팽창하고 있는 그룹이 있는데 그것은 혼자 부모 노릇을 하는 사람들과 독신들이다. 이들은 혼자 살기로 선택했거나 결혼을 하지 않은 사람들이다. 우리 사회는 아직 부부 지향적이어서 그런 범주 안에 있는 사람들은 사교적인 모임 등에서 제외되곤 한다.

가정을 갖고 아이를 키우고 싶지만 기회가 없었던 독신 여성들도 그와 같은 범주에 속한다. 그들은 2류 인생 취급을 당한다고 느끼는 경향이 있다. 그러나 성경은 전혀 그렇게 말하지 않는다. 고린도전서 7장에서 독신 상태에 관한 글에서 바울은 독신에 대해서 세 번이나 이렇게 말한다. "그것이 좋다." 전체적으로 보아 그의 강조점은 독신의 라이프 스타일이 존경할 만하며 좋다는 것이다. 하지만 모든 독신들이 바울의 의견을 같이하는 것은 아니다. 그렇지만 너무나 많은 부부들이 이혼으로 끝나는 것과 또 매맞는 아내들이 그렇게 많은 것을 보면 이렇게 말할 수 있다. "독신으로 행복한 것이 결혼으로 불행한 것보다 낫다." 많은 선교사들이 독신 여성임을 잊어서는 안 될 것이다.

이혼을 겪게 되면 외롭지 않을 수가 없다. 도장을 찍었을 때 고통이 끝나지 않으면 참으로 그것은 이제 시작된 것이다. 세상은 외로운 이혼 남녀로 가득 차 있다. 한 가지 비극적인 부작용은 자녀들이 한 부모를 잃는 것이다. 어떤 경우는 둘 다 잃기도 한다. 분명히 무고한 이에게 외로움이 만들어 주는 것이다.

그렇다고 배우자와 사별하게 된 많은 이들을 부러워할 것도 없다. 결혼 생활이 이상적이지는 않더라도 최소한의 어떤 교제는 있으며 식사시간이 그렇게 침묵으로 이어지지는 않는다. 사별한 지 얼마 안 되었을 때는 친구들이나 사랑하는 이들이 많이 위로해 주고 도와주는 것이 보통이지만 시간이 지나면서 그들은 일상으로 돌아가기 마련이다. 손님이 찾아오거나 친구를 부르는 회수도 확실히 줄어든다. 많은 경우에 아내를 잃는 남자들은 혼자가 되었다는 것보다 바뀐 상황을 처리하는 데 더욱 힘겹게 느낀다.

사별은 그야말로 내버려진 것 같고 처음에는 태양이 다시는 빛나지 않을 듯한 느낌이다. 슬퍼하는 것이 잘못되거나 약한 것이 아니라는 사실을 인정해 줘야 한다. 슬픔은 숨김없이 표현되어야 한다. 눈물은 치료에 도움이 된다. 사별은 인간사의 일부로 수용되어야만 한다.

시간이 상실의 느낌을 없애 주지는 않지만 날카로운 슬픔의 고통을 무뎌지게는 해준다. 하지만 시간보다 훨씬 강력한 것은 하나님의 위로이다.

> "찬송하리로다. 그는……모든 위로의 하나님이시며 우리의 모든 환난 중에서 우리를 위로하사 우리로 하여금 하나님께 받는 위로로써 모든 환난 중에 있는 자들을 능히 위로하게 하시는 이시로다" (고후 1:3-4).

어떤 사람들은 시편기자와 같이 위로 받기를 거절하고 슬픔을 고집한다. 따라서 가장 필요한 하나님의 위로를 못 받는다. 예수님은 이사야서 61장 1절을 자신에게 쓰셨다. "나를 보내사 마음이 상한 자를 고치며…"

개선적인 조치

외로움의 많은 원인을 검토했으므로 이제는 마음의 고통을 완화할 수 있는 방법들을 살펴보자.

간단한 만병 통치약은 없음을 분명히 말해 두어야겠다. 그런 상태에서 회복이 되려면 전심전력의 협력이 있어야 할 것이다. 그러나 슬픔을 당한 본인이 조치를 취할 준비가 되어 있으면 낙관적일 수 있다. 현실을 기꺼이 직면하고 순응하는 것이 필수적이다.

외로운 그 사람이 변화에 책임이 있음을 깨달을 때만 변화할 희망이 있다. 어떤 사람은 이렇게 고백했다. "외로움을 피할 수 있는 유일한 길은 내 자신이 주도해야 하는 것임을 깨달았다." 그것은 현실에 부딪히는 것이었다. 하나님만이 하실 수 있는 것들이 있는가 하면 우리만 할 수 있는 것들이 있다. 우리는 로보트가 아니다. 마음과 생각의 태도가 참으로 중요하다.

많은 요법들은(여행 휴가나 다른 직장으로 옮김, 등등) 일시적으로 통증을 억제하는 것일 뿐 치료해 주지는 않는다. 그러한 제안이 도움이 된다고 하는 것도 당연하지만 진짜 문제를 건드려 주지는 않는다. 우리가 어디를 가든지 외로운 자신을 끌고 가기 때문이다. 열광적인 행동들이 빈 공간을 채워 주지도 못할 것이다. 일상에서 벗어나는 것도 문제 해결에 도움이 안 된다. 상처 난 곳에 반창고 붙이는 격밖에 안 되는 것이다. 일시적인 기분 전환을 할 수는 있지만 치료에 영향을 주지는 못한다.

병이 났을 때 의사가 약을 처방해 준다고 즐거워하는 사람은 별로 없다. 하지만 어른이라면 약이 쓰다고 하여 안 먹지는 않을 것이다. 다음 몇 가지 제안이 그렇게 써 보일 수는 있으나 외로움이 심한 정도라면 현명한 사람은 적어도 몇 가지를 시도해 볼 것이다.

1. 주님께서 나의 외로움 속에 나와 함께 하심을 믿으라. 여기 몇 가지 우리에게 쓰라고 주신 약속의 말씀이 있다.

    "여호와께서 가라사대 내가 친히 가리라 내가 너로 편케 하리라" (출 33:14).

    "두려워 말라 내가 너와 함께 함이니라" (사 41:10).

    "그 이름은 임마누엘이라 하리라 하셨으니 이를 번역한즉 하나님이 우리와 함께 계시다 함이라" (마 1:23).

"그가 친히 말씀하시기를 내가 과연 너희를 버리지 아니하고 과연 너희를 떠나지 아니하리라 하셨느니라 그러므로 우리가 담대히 가로되 주는 나를 돕는 자시니 내가 무서워 아니하겠노라 사람이 내게 어찌 하리요 하노라" (히 13:5-6).

2. 외로운 것은 죄가 아니므로 죄책감을 더하지 말라.

3. 외부 환경이 바뀔 수 없으면 내적 태도를 바꿀 수 있고 순응해야 한다.

4. 끊임없이 자신을 비하하지 말라. 하나님께서 나를 받아 주셨다면 나는 그분이 보시기에 귀한 사람임에 틀림없다. 그분께서 나를 귀히 여기심을 받아들이라.

5. 자기 땅을 영적으로 깨끗이 하라. 고백하지 않은 죄가 있다면 정직하게 다 고백하고 버리며, 용서하시고 깨끗케 하신다는 약속의 말씀을 사용하라 (요일 1:9). 그런 식으로 버릴 수 있다. 곪은 데를 짜내는 것이 신체에 미치는 영향과 마찬가지로 영적으로도 같은 효과를 갖는다.

6. 나를 이해하시는 주님에게 자신의 감정, 고투, 실패를 나눈다. "이는 저가 우리의 체질을 아시며 우리가 진토임을 기억하심이로다" (시 103:14). 목사님이나 신뢰할 만한 믿는 친구에게 고민을 털어놓고 상담과 기도를 요청한다. 문제를 나누면 반절로 줄어드는 경우가 많다.

7. 해결되지 않은 문제를 가지고 사는 것을 배우라. 예수님께서 이렇게 하라고 말씀하셨다. "나의 하는 것을 네가 이제는 알지 못하나 이후에는 알리라" (요 13:7).

8. 자기 연민(음침한 곳의 버섯과 같은 것)을 버리라. 많은 경우에 자기 연민은 평안의 적이다. 자신에 대해서 끊임없이 가엾어하는 것은 외로움으로 가는 편도 승차권이

다. 어떤 의미에서 자기 연민은 상황을 처리하는 책임을
부인하고 치료 가능성을 방해하는 것이다.

　자신의 생각에 집중하기를 고집한다면 외로움의 불꽃
에 연료를 대주는 것이다. 그렇지 않고 자기 생각을 바
깥으로 돌려서 남들을 돌보기 시작하면 상태는 역전될
수 있으며 쓸쓸함의 껍질을 깨고 나올 수 있을 것이다.

9. 상황이 바뀔 수 없으면 그것에 대항해서 싸우기보다 받
아들이라. 그리고 나서 자신을 거기에 맞추고 오히려 상
황을 아름답게 만들려고 애써라.

새로운 관계 형성

　새로운 관계를 형성한다는 것은 외로움에 대한 주요한 치료
책이지만 가장 하기 힘든 일이다. 그러나 그래야만 하는 것은 그
렇지 않을 때 그 상태가 계속되기 때문이다. 새로운 관계를 형성
하는 방법이 몇 가지 있다.

1. 친구가 될 수 있다고 생각하는 다른 그리스도인에게 친
절히 제의할 기회를 위해 기도하고 찾는다.
2. 다가가는 데 앞서서 쉬운 대화의 주제를 만들 수 있는
상호간의 관심사에 대해서 생각한다.
3. 한 발을 내딛고 접근한다. 분명한 의지적 행동이 필요할
것이다.
4. 상대방이 자신에 대해서 말하도록 해 준다. 자신에 대해
서는 잊고 상대방의 관심사에 참된 관심을 보여 준다.
5. 자신이 부끄럼을 타는 성격이고 얘기할 사람을 찾기가
어렵다면 대화를 시작하고 이어가는 것까지 요모조모

생각한다.

6. 한 번 사람들과 만난다고 해서 나의 모든 문제가 해결돼
   지는 않는다. 살아 계신 그리스도와 함께 생생한 교제
   속에서 온전한 위로를 얻을 것이다.
7. 나의 욕구와 열망은 나 밖의 대상에 두라. 타인의 유익
   속에서 자신을 잃어버리라.
8. 한 발을 내딛어 오늘의 패턴을 깬다. 더 형편이 나을 때
   를 기다리지 말라. 그런 때는 결코 오지 않을 것이다.

필자가 호주에서 인도한 모임에서 고민이 있어 보이는 어떤 젊은이가 다가와 마음을 열었다. 그는 실망 속에서 자기 안으로 들어가 있었다. 그는 절망적으로 외로웠다.

필자가 청년에게 말한 것은 그가 벗어나기를 원한다면 한 발 내딛어 먼저 접근해야 한다는 얘기를 했다. 즉시 그렇게 하도록 권면했다. 그날 저녁 그는 희색이 만연하여 와서는 이렇게 말했다.

"해냈어요! 상냥하지 않던 그 사람에게 다가갔더니 저와 성경 공부를 하기로 그가 약속했어요." 주님께서 그의 기도에 응답하신 것이다.

□ **연구 질문**

1. 그리스도인이 된다는 것이 어떻게 더욱 외로울 수 있는가? 어떻게 덜 외로울 수 있는가?

2. 외로움을 이기는 제안 법 중 특별히 유용했던 것은?

□ **성경 탐구**

1. 성경은 외로움을 어떻게 묘사하는가? 다음의 구절들을 통해 외로움을 다루는 법을 배워 본다면?

고후 1:3-4, 마 1:23, 사 41:10, 시 103:14, 요 16:32, 창 2:18, 출 33:14, 히 13:5-6

하나님은 인간의 삶을 빚으시는 최고의 기술자이다.
구분은 실수가 없으시다. 자신의 작품을 못쓰게 만드는 법이
없다. 비극은 우리가 거만하게 토기장이의 역할을 쥐고 자기
인생의 모양을 만들어 보려는 것으로부터 연유한다.

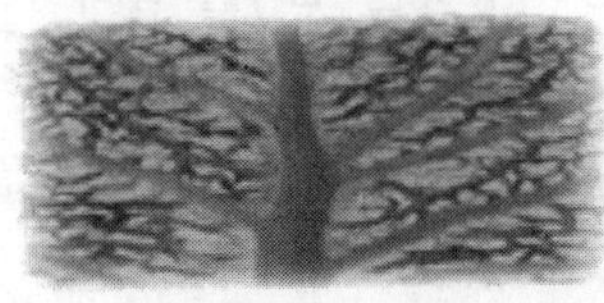

17

제자의 재도전

진흙으로 만든 그릇이 토기장이의 손에서 파상하매
그가 그것으로 자기 의견에 선한대로 다른 그릇을 만들더라. – 렘 18:4

애국자이자 선지자였던 예레미야의 마음이 부서졌다. 그의 눈물과 애원에도 불구하고 사랑하는 조국은 굽히지 않고 하나님께로부터 멀어져만 갔다. 큰 재앙을 피하기 위한 그의 열렬한 노력은 무익하게 끝나 버렸다. 자기 안의 모든 힘은 말라 버렸고 심판을 받는 길밖에 없어 보였다.

그가 이런 위기에 달했을 때 하나님께서는 소망의 비전을 주셨다. "토기장이의 집으로 내려가라 거기에서 네게 메시지를 주마"고 주님께서 말씀하셨다 (렘 18:2). 이스라엘은 하나님의 축복의 의도를 고집스럽게 거슬렸었지만, 회개하고 다시 하나님의 만지심에 무릎꿇을 때 하늘의 토기장이 되신 분께서 새로운 민족으로 만드시고 이 마지막 때에라도 기회를 주실 것이다.

이 비전은 그 당시의 이스라엘에 대한 것이었지만 적용은 시대를 초월한다. 오늘날 토기장이의 기예(技藝)요소가 예레미야의 시대와 본질적으로 같은 것과 마찬가지로 하나님의 방법과 자녀를 다루시는 것도 모든 시대가 동일하다. 배경과 부속물은 다를지라도 기본적 원칙은 변하지 않는다.

예레미야가 순종함으로 토기장이의 집에 갔을 때, 그가 본 것은 토기장이의 발로 움직이는 회전용 녹로였다. 활성이 없는 진흙 덩이는 고유의 가치가 없고 그 상태를 향상시킬 수 없다. 물한 동이를 부어서 진흙을 부드럽게 하고 두들겨 펼 수 있게 한다. 토기장이는 항아리들을 쓰레기 더미 위에 던지는데 그것들이 토기장이의 의도를 알 리가 없다. 물론 토기장이는 자신이 능숙하고 기술적인 사람인 것을 안다. "때에 여호와의 말씀이 내게 임하니라 가라사대 '나 여호와가 이르노라 이스라엘 족속아 이 토기장이의 하는 것같이 내가 능히 너희에게 행하지 못하겠느냐 이스라엘 족속아 진흙이 토기장이의 손에 있음같이 너희가 내 손에 있느니라'" (렘 18:5-6).

하나님의 절대적이고 주권적인 권능에 대한 이 말씀은 가혹하고 무섭게 들린다. 그분의 권능은 그만큼 결정적이고 우리는 그렇게 무력하다. 그러나 이사야 선지자는 이 장면을 부드럽게 한다. "그러나 여호와여 주는 우리 아버지시니이다 우리는 진흙이요 주는 토기장이시니 우리는 다 주의 손으로 지으신 것이라" (사 64:8).

그렇다. 하나님은 힘으로 따지자면 주권자이시지만 그분은 또한 아버지의 마음을 갖고 계신다. 그분의 주권이 그분의 아버지 되심과 절대 부딪히지 않을 것을 우리는 절대적으로 확신할 수 있다. 그분의 연약하고 부족한 자녀들을 다루실 때 변하지 않는 그분의 사랑으로 언제나 하시기 때문이다.

예레미야가 일하는 토기장이를 봤을 때 그가 본 것은 이렇다.

모양 잡힌 그릇

"본즉 그가 녹로로 일을 하는데" (3절).

토기장이가 조형 진흙 덩이를 떠다가 회전 녹로 가운데 던져 놓았다. 약간 한 쪽으로 쏠리게 놓았다면 그릇은 균형을 잃어 비뚤어진 모양이 될 것이다. 영적으로도 이와 마찬가지다.

그리고 나서 토기장이의 기술적인 손놀림으로 틀을 잡고 진흙을 매만지면, 토기장이가 생각했던 모양이 나오기 시작한다. 처음에는 바깥에서 모양을 만들고 나서 안쪽에서 모양을 만든다. 그러면 진흙덩이가 아름다운 모양으로 나온다.

토기장이는 경험이 많고 능숙한 사람이었다. 하나님은 인간의 삶을 빚으시는 최고의 기술자이시다. 그분은 실험자가 아니다. 실수를 안 하신다. 하나님은 자신의 작품을 못쓰게 만드는 법이 없다. 가끔 우리가 거만하게 토기장이의 역할을 쥐고는 자기 인생의 모양을 만들어 보려고 한다는 것이 비극이다. 이 때 우리는 끔찍한 결과를 낳는다.

녹로 위에서 그릇이 빚어진다는 것은 일상 생활의 환경이 우리의 인격을 빚는다는 사실을 나타낸다. 환경이 얼마나 다른지 모른다! 유전, 기질, 환경은 대개 우리가 통제할 수 없지만 모양을 만드는 데 아주 강력한 영향을 미친다. 하나님의 뜻에 관계된 것도 그 역할을 한다. 역경과 번영, 슬픔과 기쁨, 사별 그리고 때로는 비극, 시련과 유혹이 그런 것들이다. 이 모두가 하나님께서 우리를 점차 그리스도와 닮게 하시려고 쓰시는 요소들이다.

하나님께서 당신을
빚으시고자 이 속에 놓으셨으니,
장치를 쓴 것은
당신의 영혼을 굽혀서 바깥으로 뒤집어
확실히 찍히게 하려고 했을 뿐이네.
　　　　　로버트 브라우닝(Robert Browning)

우리 인간의 성질을 진흙에서 볼 수 있다. "주께서 내 몸 지으시기를 흙을 뭉치듯 하셨거늘"이라고 욥은 말했다 (욥 10:9). 진흙은 토기장이가 만지지 않으면 가치가 없다. 그 최고의 가치는 토기장이의 생각을 받아들이고 간직하는 역량에 있다. "진흙에 가치를 더하는 것은 그 물질 자체가 아니라 예술적 솜씨이다" (Dresser).

런던에서 유명한 미술 경매인, 소데비스(Sothebys)가 연 미술 경매에 가본 적이 있다. 내가 보기에는 별로 맘에 들지 않는 조그마한 그릇이 경매에 부쳐졌는데, 놀랍게도 2만 5천 파운드에서 값을 부르기 시작하는 것이었다! 그리고 나서 5만 파운드, 7만, 7만 5천, 7만 8천에서 멈췄다. 그 진흙으로 만든 그릇은 몇 페니(100분의 1파운드)나 나갈까했는데! 그 그릇이 그렇게 엄청난 가치가 있게 된 것은 그것을 빚은 사람의 손길 때문이었다.

인간사도 진흙과 같이 하늘의 토기장이 되신 분의 손길에 내어드렸을 때 거의 무제한적인 가능성이 있다. 왜 어떤 이들은 빛을 내면서 살고 어떤 이들은 칙칙하게 살까? 같은 재료로 만들어졌는데 말이다. 그 차이는 토기장이가 구상한 아름다운 계획대로 일하시도록 허락한 정도에 있다.

진흙의 다양성은 그야말로 무수하다. 각각 그 결과 다른 특이한 질 때문에 개별적으로 다뤄 주어야 한다. 각 제자의 삶도 마

찬가지이다. 따라서 하나님께서 우리를 다루시는 손길이 저마다
독특하며 다 다르다. 하나님의 도기 제조소에는 대량 생산이란
없다!

망쳐진 그릇

예레미야가 그릇이 나올 것을 기대하고 있는데 갑자기 그것이
무너지더니 망가진 진흙덩이가 되어 버렸다. 토기장이의 온갖
수고가 무의미하게 되었다. 토기장이의 아름다운 계획대로 되지
않자 선지자는 그 토기장이가 쓰레기더미에 그것을 던질 것으로
예상했다. 그것이 무너진 이유는 말하고 있지 않지만 토기장이
의 손길에 대한 진흙의 반응에서 잘못된 것이 틀림없다.

이 장면이 우리 인생과 일치하는 점이 있지 않은가? 그릇이
무너진 것은 토기장이 쪽에서 기술이 부족하거나 부주의해서 된
것이 아니었다. 어떤 예술가도 자신의 작품을 망치지 않는다. 우
리는 높은 이상과 희망을 가지고 인생을 출발하지만 인생의 전
쟁터에서 패할 때가 종종 있다. 그릇은 엉망이 되었으나 빛나는
소망의 빛이 있는 것은 그 진흙이 아직 "토기장이의 손에" 있기
때문이다. 그는 그것을 쓰레기더미에 던지지 않았다!

토기장이신 하나님의 계획은 여러 가지 이유로 막힐 수 있다.
가장 흔한 것은 생활 속에서 죄를 묵인하는 일이다. 드러난 죄일
수도 있고 아니면 마음 속에 품은 죄일 수도 있다. 입술의 죄, 질
투, 교만, 탐욕과 같은 죄성일 수도 있다. 이런 것들이 육체의 추
잡한 죄보다 더 고상해 보일 수 있으나 하나님께서 용납할 수 없
는 것은 둘 다 마찬가지다. 어떠한 죄든지 그릇을 망치게 될 것

이다.

하나님의 뜻을 알고서 저항하는 죄일 수도 있다. 우리 의지의 진흙이 토기장이 하나님의 섬세한 손길에 굴복하기에는 너무 뻣뻣하다. 혹독한 전쟁은 종종 어떤 저항의 지점에서 고조에 달한다. 그리고 그것이 그릇을 망친다.

혹은 하나님의 축복을 중단시키는 어떤 잘못되었거나 해로운 관계가 그릇을 망칠 수 있다.

이러한 문제들은 근본적인 조치를 요구한다. 인생이 제자리로 돌아가려면 그것들을 철저히 생각해 내야하며 완전히 그리고 가차없이 다뤄야만 한다.

다시 만든 그릇

"그가 그것으로 자기 의견에 선한대로(as seemed best to him) 다른 그릇을 만들더라" (4절).

여기 바로 하나님이 주시는 소망의 메시지가 있다. 예레미야의 토기장이는 그 잘못된 그릇을 쓰레기 더미에 던지지 않았다. 아마도 물로 약간 부드럽게 하여 다시 다른 그릇으로 만들었나 보다. 그런 그릇이 처음에 의도했던 것처럼 아주 아름답지는 않았을지도 모르지만 그래도 여전히 "주인이 쓰기에는 알맞았다"

우리 주님에 대하여 선지자는 이렇게 예언했다. "그는 쇠하지 아니하며 낙담하지 아니하고 세상에 공의를 세우기에 이르리니" (사 42:4). 여호와 하나님도 그러셨다. 성경은 망가진 그릇을 하나님께서 다시 만든 예로 가득 차 있다.

메시아가 오실 그 거룩한 나라가 발원하는 야곱을 택한 분이 하나님 아니고 누구인가? 야곱이라는 이름의 뜻은 "속이는 자,

찬탈하는 자"이다. 그는 너무 비뚤어져서 나사모양 송곳 뒤에도 숨을 수 있다는 말을 누군가 했다. 인생에서 결정적인 위기를 맞기 전에 그는 20년 동안 속이고 삼촌 라반에게 속임을 당하면서 살았다. 그 때 하나님은 그를 도망갈 곳이 없는 구석으로 몰아치셨다.

> 야곱은 홀로 남았더니 어떤 사람이 날이 새도록 야곱과 씨름하다가...야곱의 환도뼈를 치매 야곱의 환도뼈가 그 사람과 씨름할 때에 위골되었더라 그 사람이 가로되 '날이 새려하니 나로 가게 하라' 야곱이 가로되 '당신이 내게 축복하지 아니하면 가게 하지 아니하겠나이다' 그 사람이 그에게 이르되 '네 이름이 무엇이냐?' 그가 가로되 '야곱이니이다' 그 사람이 가로되 '네 이름을 다시는 야곱이라 부를 것이 아니요 이스라엘이라 부를 것이니 이는 네가 하나님과 사람으로 더불어 겨루어 이기었음이니라' (창 32:24-28).

그 때까지 야곱은 항상 하나님을 거스르고 속이는 자기 방식을 추구했으나 마침내 패배했다. 항복의 검을 내려놓은 것이다. 그리고 하나님은 그를 사기꾼에서 왕자로 바꾸셨다.

시몬 베드로는 그렇게 장래성 있는 재료가 아니었다. 많은 실패 후에, 그는 주님을 모른다고 맹세와 저주를 하면서 인생의 밑바닥까지 갔다. 그가 주님이 보시는 곳에서 밖으로 나가 비통하게 울었을 때 그것이 자기에게는 마지막이라고 생각했을 것이다. 멋진 꿈이 있었는데 자기가 이젠 "깨뜨리고 만 것"이다. 어부 생활로 다시 돌아가는 것이 나았다.

그러나 하늘의 토기장이는 낙심하지 않으셨다. 그분은 베드로를 쓰레기더미에 던지지 않으셨다. 50일이 지난 후 바로 그 베드로의 열렬한 오순절 설교로 3000명이 하나님의 나라에 들어왔다. 예수님은 그에게 시험기간조차 두지 않고 바로 쓰셨다. "그분은

사람 안에 무엇이 있는지 아셨고" 그분은 베드로의 회개의 깊이
와 진실성도 아셨다. 사도직으로 그를 회복시키셨을 뿐 아니라
베드로를 리더로 만드셨다. 그에게 천국 열쇠를 맡기시고 유대
인과 이방인 모두에게 천국을 열도록 하셨다.

마가는 유망한 청년이었으나 선교 여행 중간에 탈락했다. 바
나바와 사울이 첫 번째 선교 여행을 떠날 때 마가는 희망에 가득
차 그들과 동행하게 되었고 그러한 사람들과 여행하는 영광을
누렸다. 그러나 반대가 커지고 여행이 더욱 어려워지고 위험해
지자 그의 처음 열정은 사라졌다. 그는 그들을 떠나 집으로 돌아
갔다 (행 13:13). 중도 탈락한 것이다.

바나바가 다음 여행에서 그를 데리고 가자고 제안하자 바울은
들으려 하지 않았다. 마가는 한 번 그들을 실망시켰으므로 두 번
째 기회는 없다는 것이다. 그러나 바나바와 하늘의 토기장이 되
신 하나님은 그를 떨어뜨리지 않았다. 마가에게 또 한 번 기회를
주었을 때 그는 잘 해냈다. 탈락했던 경험 이후로 그는 하나님
아들의 전기 작가가 되었다. 낙심하지 않으시는 토기장이의 놀
라운 은혜이다.

완성된 그릇

토기장이 되신 그분의 기술에서는 녹로 뿐만 아니라 불도 사
용하신다. 가마의 불을 거치지 않은 그릇은 그 모양을 유지하지
못할 것이다. 불 속에서는 습기와 불순물이 타 버린다. 온도가
올라갈수록 진흙은 더 순수해지고 아름다운 색깔의 토기 무늬가
달궈진다.

우리 토기장이는 어떤 무늬를 마음에 두신 것일까? 바울은 그
것이 무엇인지 말해 준다. "하나님이 미리 아신 자들로 또한 그

아들의 형상을 본받게 하기 위하여 미리 정하셨으니 이는 그로 많은 형제 중에서 맏아들이 되게 하려 하심이니라" (롬 8:29).

우리의 삶 속에 토기장이의 모든 손길은 정말 바람직한 목적을 계획해서이다. 우리가 때로는 두려워하는 그 만지심은 다만 우리 삶에 추한 것을 제거하고 대신 우리 주님의 은혜와 덕으로 바꿔놓기 위해서이다.

> 너의 길에 불시험이 놓여 있을 때
> 나의 은혜가 족하여 너의 필요 채우리라
> 불길이 너를 해치지 않으리니
> 네가 정금같이 되도록
> 네 안의 찌꺼기를 태울 내 계획일 뿐.
>
> 로보트 키네(Robert Keene)

불은 무늬를 영구한 것으로 만든다. 어떤 친구의 도기 제조소를 구경하며 다니다가 그릇을 굽는 불가마에 이르렀다. 내 친구가 던진 말에서 갑자기 힘을 얻게 되었다. "도기를 불에 넣을 때는 항상 보호막을 씌운다네. 불을 견디는 더 강한 재료로 만든 것으로 항상 싸서 넣지. 그렇게 안 하면 거센 열 때문에 도기가 못쓰게 되거든." 이 말을 듣자 이사야의 예언에 주님께서 말씀하신 것이 떠올랐다. "너는 두려워 말라 내가 너를 구속하였고 내가 너를 지명하여 불렀나니 너는 내 것이라 네가 물 가운데로 지날 때에 내가 함께 할 것이라 강을 건널 때에 물이 너를 침몰치 못할 것이며 네가 불 가운데로 행할 때에 타지도 아니할 것이요 불꽃이 너를 사르지도 못하리니" (사 43:1-2). 우리는 시험의 불을 통과할 때 결코 혼자 남지 않는다. 하지만 우리는 항상 그 사실을 믿고 붙잡고 있는가?

하나님께서 자기들을 구하실 수 있다는 확고한 믿음에도 불구하고 그 세 명의 청년들은 용광로의 불꽃 속에 들어가게 되었다. 하지만 그 파괴적인 힘으로부터 보호막을 입게 되었고 게다가 하나님의 아들과 개인적인 교제를 누리는 이루 말할 수 없는 특권까지 누렸다. 우리는 토기장이께서 우리 삶에 어떤 계획으로 일하고 계신지 항상 알지 못한다.

영국의 조지왕 6세가 유명한 도기 제조소를 시찰하고 있었다. 오후 다과 세트가 차려져 있는 방에 왔을 때 안내를 하던 토기장이가 이렇게 말했다. "폐하, 폐하께서 궁정용으로 주문하신 찻잔 세트가 여기 있습니다"하며 까만 색으로 된 찻잔 세트를 가리켰다.

그것을 보자마자 왕은 이의를 제기했다. "하지만 우린 검은 찻잔 세트를 주문하지 않았소!"

"예 맞습니다. 폐하께서는 금 찻잔 세트를 주문하셨죠. 저 까만 색 물질 속에는 금이 있습니다. 하지만 불 속에 넣으면서 금을 보호해 주지 않고 그대로 넣으면 다 망가지거든요. 그래서 검은 물질로 칠을 해주었죠. 저것을 불로 태우면 윤이 나는 금만 남습니다."

인생의 어두운 시험을 겪고 있을 때, 우리는 까만 색만 보는 경향이 있다. 그 아래에 정제된 인격의 금이 있음을 잊는다. 좀더 그리스도를 닮는 일말이다.

욥에게 덮친 어마어마한 고통과 시련 후에 그는 이렇게 고백했다. 이 고백은 그 뒤에도 수많은 성도들이 동의한 내용이다. "나의 가는 길을 오직 그가 아시나니 그가 나를 단련하신 후에는 내가 정금같이 나오리라" (욥 23:10).

유다는 그의 삶에 토기장의의 친절하신 손길을 끊임없이 거절했다. 그 결과 그에게 쓰레기더미 말고는 갈 곳이 없었다. 그리스도를 배반하여 얻은 은 30으로 제사장이 구입한 토기장의의 밭에 자살한 횡령자의 시체를 묻은 것이 단순히 우연의 일치였을까? 그의 마지막은 그와 같이, 토기장이의 손길을 저항하는 누구에게나 엄숙한 경고이다.

> 잠잠히 누워 계시오 그분께서 그대를 빚으시도록!
> 오 주님, 내가 자복하오니
> 능숙한 토기장이 되시고
> 나로 잠잠한 진흙되게 하소서
> 나를 빚으소서 오, 당신의 뜻대로 나를 빚으소서
> 나는 묵묵히 엎드리며 기다리겠나이다.
>
> 작가 미상

□ **연구 질문**

1. 유명한 도기 상점에서 무료로 한 점 얻을 수 있는 증거를 얻는다면 어떤 것을 선택하겠는가? 왜?

2. 도기가 어떻게 형성되고 도공은 어떻게 굽는지 생각해 보고, 나의 인격을 개발하고 내 인생을 형성하는 데 하나님께서 사용하신 사람과 환경(경험)은 어떤 것들이 있었는가?

□ **성경 탐구**

1. 인생의 어려움 속에서 다시 설 수 있는 힘의 근원이 있다면? 다음 구절들은 제자의 재도전이라는 데 있어서 어떤 도전을 주는가?

렘 18:2-6, 롬 8:29, 사 42:4, 사 43:1-2, 사 64:8, 욥 10:9, 욥 23:10

우리는 사탄이 신자에 대항해서 어떠한 비난도 퍼무을 권리가 없음을 인식해야 한다. 그리스도의 제자를 고소할 권리를 가진 유일한 분은 우리 죄를 담당하신 그분이며 우리는 그분 앞에 죄인일 뿐임을 기억하라.

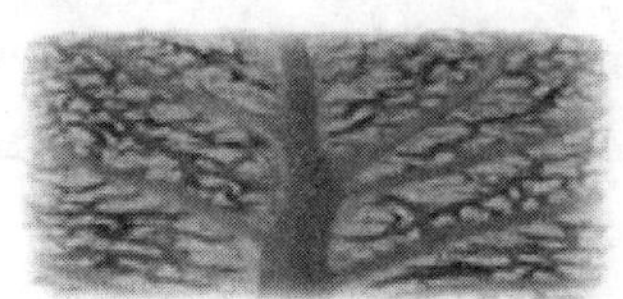

18

제자의 새 임무

만군의 여호와의 말씀에 "네가 만일 도를 준행하며 내 율례를 지키면
네가 내 집을 다스릴 것이요 내 뜰을 지킬 것이며
내가 또 너로 여기 섰는 자들 중에 왕래케 하리라." –슥 3:7

자신의 이름으로 된 주석 성경의 편집자였던 C. I. 스코필드 (Scofield)는 미국의 유명한 복음전도자 무디(Dwight L. Moody)를 만날 때마다 분개하며 말하곤 했다. 무디는 스코필드의 헌신이 새로워질 수 있도록 기도했을 것이다. 그는 그 기도가 어떤 기도인지 상관하지 않았다. 그러나 나중에 그는 통찰력 있는 무디가 자신의 유일한 약점을 분별했음을 알게 되었다. 무디는 스코필드가 기독교 신앙의 지적인 면에만 강하게 몰두해 있어서 하나님에 대한 열정과 이웃에 대한 사랑을 잃어버릴 염려가 있다는 것을 알았다. 그래서 무디는 그 친구를 위해 간구를 계속했다.

모든 제자들, 특히 지적으로 강하게 굽어진 이들은 이와 같은

위험에 직면한다. 이스라엘의 대제사장이었던 여호수아의 임명 방식과 관련하여 귀중한 교훈을 얻을 수 있다. 상징적 환상은 스가랴가 살던 당시에 가장 잘 적용되었을지라도 오늘날 역시 중요성을 가진다. 스가랴는 자신이 본 이상을 이렇게 말한다.

여호수아가 더러운 옷을 입고 천사 앞에 섰는지라 여호와께서 자기 앞에 선 자들에게 명하사 "그 더러운 옷을 벗기라" 하시고 또 여호수아에게 이르시되 "내가 네 죄과를 제하여 버렸으니 네게 아름다운 옷을 입히리라" 하시기로 내가 말하되 "정한 관을 그 머리에 씌우소서" 하매 곧 정한 관을 그 머리에 씌우며 옷을 입히고 여호와의 사자는 곁에 섰더라 (슥 3:3-6).

더럽혀진 대제사장

환상에서 스가랴는 천국의 어떤 장면을 보게 되었다. 백성의 대표이자 대제사장인 여호수아가 시련을 당하고 있는 중이었다. 여호수아의 우편에 그의 적인 고소자, 사탄이 서 있었다. 놀랍게도 선지자는 여호수아가 더러운 옷을 입고 있는 것을 보았다. 모세의 법에 의하면 대제사장으로서의 자격을 상실하는 장면이 아닐 수 없었다.

고소자들은 그 상황을 재빨리 이용하여 여호수아를 겨냥하여 비난을 퍼부었다. 그 비난하는 내용은 근거가 충분했고 어떤 방어도 할 수 없었기 때문에 여호수아는 고발당한 채로 서 있을 수밖에 없었다.

갑자기 재판장께서 자연스럽게 간섭하시며 고소자의 고발을 꾸짖고 반박함으로써 긴장 상태는 깨지고 스가랴는 기쁘게도 안도의 숨을 쉬게 되었다. 그러자 "여호와께서 사단에게 이르시되 '사단아 여호와가 너를 책망하노라 예루살렘을 택한 여호와가

너를 책망하노라 이는 불에서 꺼낸 그슬린 나무가 아니냐?'" (2
절) 그렇게 여호수아의 고소자는 혼이 나고 잠잠해졌다.

다음에 고소를 당한 자가 무죄를 선고받았다는 확실한 증거로
서 그의 더러운 옷이 없어지고 대신 값진 축제 의상을 아름답게
차려 입게 된다. 그의 제사장적 임무가 새로워지고 다시 한 번
그는 백성의 대표자로서 주님 앞에서 사역을 할 수 있는 자격이
되었다. 여호수아는(그리고 그 안에 있는 온 백성) 용서받았고 정
결해졌으며 하나님과의 교제가 회복되었다.

그리스도께서는 우리를 "하나님 아버지를 위해 그 나라와 제
사장으로 섬기도록" 임명하셨기 때문에 (계 1:6) 하나님 앞에서
사역하는 것은 모든 제자가 할 일이자 특권이다. "우리 형제들의
고소자"는 (계 12:10) 우리가 그 직무의 책임을 다함에 있어서 여
호수아와 같이 우리에게도 그런 식으로 다가올 것을 알 수 있다.
여호수아는 틀림없이 그 당시에 가장 거룩한 사람 중 하나였지
만 하나님의 거룩하신 타는 듯한 빛으로 자신을 보았을 때 살아
계신 하나님의 제사장으로서 섬기기에 턱없이 부족하다는 것을
알았다.

온 백성의 대표자로서 그는 그들의 범죄와 죄의식을 자신의
것처럼 동일시하며, 사탄은 정당하게 그들을 고소할 수 있는 것
이 많았다. 말라기 선지자는 이스라엘이 타락했던 상태를 기록
한다. 너무나 부패하고 탐욕스러웠기 때문에 그들은 하나님께
흠이 없는 동물을 희생으로 바치지 않고, 제단에 병든 것과 쓸모
없는 것을 갖고 나왔다. 여호수아 자신의 아들들조차도 이방 여
인들과 결혼했다. 그들을 꾸짖고 제지하면서 하나님의 표준으로
끌어올리지 않고 그는 그들의 악한 관행을 받아들이고 용서했었
다. 사탄의 고소에 그가 아무 대답이 없었던 것은 당연하다.

고소하는 말

사탄을 "우리 형제의 고소자"라고 하는 것은(계 12:10), 그것이 사탄이 가장 좋아하는 역할이기 때문이다. 유명한 이교도 어니스트 르난(Ernest Renal)은 사탄을 "남의 불행을 기뻐하는 창조물의 혹평가"라고 했다. 그는 "거짓의 아비" (요 8:44)이나 자기 계획에 들어맞을 때는 사실을 말할 수 있다. 거짓이든 사실이든 그가 내뿜는 말은 신자에 대한 고소이며 정죄감을 낳게 하고 섬김에 부적격하다고 하면서 최대한 낙망케 한다.

마귀는 그리스도인이 "더러운 옷을 입고 있는" 것을 볼 때 기뻐하며 여호수아에게 했듯이 온 힘을 다해 그 더러운 옷이 없어지지 않도록 할 것이다. 그리스도의 대의를 가장 크게 해칠 수 있는 것은 죄에 빠지는 그리스도인이라는 것을 사탄이 안다. 온 세계의 복음화 운동이 일부 TV 복음전도자들의 도덕적 범죄로 인해 크게 손상되었고 사탄은 거기서 크게 승리했다. 하지만 최후의 승리는 그에게 있지 않다.

그는 항상 우리를 하나님께 고소할 수 있고 사람들 앞에 신용을 잃도록 할 수 있는 뭔가를 찾기 위해 정신이 곤두서 있다. 우리는 그에게 너무나 자주 공격무기만을 제공한다. 그는 경험이 많고 우리 인격에서 약한 부분을 어떻게 이용하는지 알기 때문에 수치를 무릅쓰고 어떠한 잘못된 방법이라도 써서 그의 목적을 성취하려고 한다.

스가랴의 환상에서 재판장께서 여호수아와 그 나라에 대해서 한 고소자의 고발을 부정하지 않았다는 것이 주목할 만하다. 그러나 그분은 그것들을 들어 주기를 거부하셨다. "여호와가 너 사단을 책망하노라 이는 불에서 꺼낸 그슬린 나무가 아니냐?"하고 대꾸하셨다.

이 말은 재미있는 그림을 떠올린다. 잘못해서 불에 던져진 중요한 문서를 상상해 보라. 때마침 발견해서 탁 쳐서 꺼낸 것이다. 가장자리는 까맣게 탔지만 중요한 부분은 아직 손상되지 않았다. 약간 상하기는 했지만 그래도 그것은 귀중한 것이다. 하나님께서 여호수아(그리고 우리)를 불에서 잡아 꺼내려 수고하신 사실은 그분의 눈에 우리가 귀하다는 것과 그분께서 시작하신 일을 우리 안에서 완성하실 것이라는 사실을 확실히 알 수 있다. "너희 속에 착한 일을 시작하신 이가 그리스도 예수의 날까지 이루실 줄을 우리가 확신하노라" (빌 1:6).

우리는 사탄이 신자에 대항해서 어떠한 비난도 퍼부을 권리가 없음을 인식해야 한다. 만약 여러분이 사탄의 고소하는 목소리로 괴로워한다면, 그리스도의 제자 중 하나를 고소할 권리를 가진 유일한 분은 우리 죄를 담당하신 그분이며 우리는 그분 앞에 죄인일 뿐임을 기억하자. 이것은 참회하는 창녀에게 하신 주님의 말씀에 분명히 나와 있다. "나도 너를 정죄하지 아니하노니 가서 다시는 죄를 범치 말라" (요 8:11).

바울은 다음의 장렬한 말을 쓰면서 완벽한 영적 무죄 언도의 심정을 한껏 기뻐하고 있다. "누가 능히 하나님의 택하신 자들을 송사하리요 의롭다 하신 이는 하나님이시니 누가 정죄하리요 죽으실 뿐 아니라 다시 살아나신 이는 그리스도 예수시니 그는 하나님 우편에 계신 자요 우리를 위하여 간구하시는 자시니라" (롬 8:33-34).

꿈속에서 형제의 고소자가 마틴 루터에게 기세를 꺾는 죄의 목록을 들이댔을 때 그는 회개하는 심정으로 그것들을 모두 끌어안았다. 그리고 나서 고소자에게 돌아서며 이렇게 말했다. "그렇다. 모두 내가 지은 죄들이다. 그러나 그것들 위로 '하나님의 아들 예수의 피가 우리를 모든 죄에서 깨끗케 하셨다'고 쓰라"

(요일 1:7). 그것은 사탄의 온갖 고소에 적절하고 완벽한 대답이
다.

무죄를 선고하는 재판장

하나님께서 국가 이스라엘과 도시 예루살렘을 택하셔서 그들
을 통하여 온 세계에 축복을 끼치려 했을 때, 이미 그들의 모든
비극적인 불순종의 미래를 아셨다. 그들의 행위와 반응에 하나
님이 놀라지 않으셨듯이 우리에 대해서도 그렇다. 마치 하나님
께서 이렇게 말씀하신 것과 같다. "나는 이스라엘과 예루살렘이
어떤지 그리고 어떻게 할지 모두 알고서 택하였다. 그들이 다른
민족보다 낮거나 위대해서 택한 것이 아니라 그들을 향해 품고
있는 나의 사랑 때문이다. 너희가 어떠한 고소를 해 봤자 내가
결심한 은혜를 무너뜨릴 수는 없다. 이것이 불에서 건져낸 불타
는 막대기가 아니냐?"

이것이 하나님의 손길을 놓친 제자에 대한 격려의 메시지이
다. 얼마 전에 실패한 기억이 눈앞에 아른거릴지라도, 모든 것을
아시는 하나님께서 창세 전에(before the foundation of the world)
(엡 1:4) 택하신 것은 사실이다. 우리의 죄로 인해서 하나님께서
놀라시지는 않지만, 우리의 죄는 사랑하시는 하나님 아버지의
마음을 몹시 아프게 한다. 하지만 하나님은 다 아셨어도 사랑이
식지 않으셨다. 우리에 대한 모든 고소를 십자가에서 책임질 수
있었기 때문에 고소자를 꾸짖고 침묵시킬 수 있으셨다. 사실, 우
리는 불에서 건진 그저 타다 만 막대기에 지나지 않지만 주님께
서는 여전히 우리 인생을 향한 목적이 있으시다. 여호수아에게
그러셨던 것처럼.

여호수아에게 사악하고 악의 있는 고소자가 있었음에도 불구

하고 한없는 위로를 얻는 것은 그에게 전능하신 대변자가 계셨다는 사실이다. 그러나 너무 자주 고소자의 목소리는 들으면서 우리의 대변자이신 그분의 안심시키는 음성을 듣지 못하는 것은 우리 자신의 실패이다.

> 나의 악한 일들에
> 고소자의 으르렁거림이 들리네
> 나는 그 모든 것을 안다네, 수천 번도 더 되는...
> 여호와께서는 아무것도 찾지 않으시네.

재임명하시는 하나님

여호수아의 재임명 및 복직(reinstatement)에는 네 단계가 있었다.

그는 정결하게 되었다

> 여호와께서 자기 앞에 선 자들에게 명하사 '그 더러운 옷을 벗기라' 하시고" (슥 3:4).

여기서 옷은 물론 우리가 입고 있는 인격을 나타낸다. 더러운 옷은 인격에서 죄악과 불순한 것 등을 의미한다. 하나님은 우리 삶에서 그런 것들이 제거되기까지 가만 놔두지 않으실 것이고 우리는 그러한 사실에 기뻐해야 한다.

> 영광 중에 하나님께서 다스릴 때
> 불순한 어떤 것도 들어올 수 없으며
> 그분의 눈은 너무나 순결하여
> 점과 흠도 볼 수 없으십니다.
> J. 니콜슨(Nicholson)

새 옷을 입는다고 해서 낡은 옷 위에 덧입을 수는 없다. 모든
죄 된 잘못된 것들을 제거해야만 한다. 바울과 베드로 모두 우리
에게 이와 같이 권면한다. "옛 사람을 벗어 버리라." 첫 번째 아
담으로부터 전해 내려온 본성이다. 그렇게 하려면 의지적 행동,
단호한 거절의 행동이 필요하다. 더러운 옷이 작아져서 입을 수
없게 되는 것이 아니다. 우리가 그것을 벗어버리는 것이다. 길게
오래 끄는 과정일 필요가 없다. 갑자기 영구히 이루어질 수 있
다. 우리는 이렇게 말할 수 있다. "나는 그 죄 된 습관, 불안한
것, 그 불법적 제휴를 끝냈다." 우리가 그런 태도를 취할 때 그
자세를 유지할 수 있도록 성령님께서 우리에게 힘 주심을 알게
될 것이다.

그에게 옷이 입혀졌다

> "또 여호수아에게 이르시되 '내가 네 죄과를 제하여 버렸으니 네게 아름다
> 운 옷을 입히리라' 하시기로" (슥 3:4).

정결케 하는 작업이 옷을 입히기 전에 먼저 왔다. 앞으로 주님
을 섬기는 데 있어서 모든 실격 사유들이 없어졌으니, 여호수아
의 괴로운 심령에 이 말씀이 마치 진통제와 같았을 것이다.

여기서 대제사장의 축제 의복이 대조적이다. 더러운 옷을 벗
기고 불결함을 정결케 한 것은 중요성에 있어서 전혀 효과가 없
었다. 그러나 하나님은 찬란한 것으로 더러운 옷을 갈아 입히셨
다. 이 의복은 모든 풍채와 아무 회사로 옮길 수 있는 능력 있는
사람에게 딱 맞고 영예를 줄 만한 값진 의상이었다.

아우구스티누스(Augustine)는 독실한 어머니 모니카의 눈물과
기도에도 불구하고 죄 된 방탕한 삶을 살던 젊은 시절 어느 날
이렇게 말하는 음성을 들었다. "집어서 읽어라" 그는 성경을 집

어 들고는 읽었다. "낮에와 같이 단정히 행하고 방탕과 술 취하
지 말며 음란과 호색하지 말며 쟁투와 시기하지 말고 오직 주 예
수 그리스도로 옷 입고 정욕을 위하여 육신의 일을 도모하지 말
라"(롬 13:13-14).

하나님은 이 구절을 통해서 그에게 강력하게 말씀하셨다. 그
는 이렇게 혼잣말했다. "나는 내 온 시간을 육체가 나를 압제하
도록 놔두면서 시간을 허비했는데 이제 하나님께서 주 예수 그
리스도를 입으라고 내게 명령하셨다." 의지적인 행동으로 그는
자신의 모든 필요를 채우시며 완전케 하시는 분으로서 그리스도
를 의지했고(appropriate) 그 시간 이후로 그의 인생은 완전히 뒤
바뀌었다. 방탕아가 고대의 가장 위대한 기독교 지도자가 되었
다.

하나님의 놀라운 의복은 우리 맘대로 쓸 수 있다. 분명한 의지
적 행동으로 "육욕으로 얼룩진 의복"을 벗어버리고 그것들을 그
만두고 끝내는 것은 우리가 할 일이다. 그리스도는 우리의 모든
일상의 필요를 매시간 채우는 데 사용되기를 기다리신다.

> 예수 안에서 모든 필요가 만족히 채워지며
> 그분께서 채우지 못할 갈망의 잔은 없으며
> 그분의 사랑으로 가벼워지지 않을 짐은 없으며
> 그분의 평화로 잠잠치 않을 폭풍우는 없더이다.
> J. 스튜어트 홀든(Stuart Holden)

그는 면류관을 받았다

"내가 말하되 '정한 관을 그 머리에 씌우소서' 하매"(슥 3:5).

이 때까지 스가랴는 두려운 마음으로 지켜보고만 있었던 것

같다. 그런데 이제 여호수아가 정결함을 받고 값진 옷을 입게 되는 것을 보고는 신이 나서 이렇게 외치는 것이다. "복위 (restoration)를 완성시키소서! 그 머리에 정결한 터번을 씌우소서!" 여기서 말하는 터번이란 대제사장의 것으로서 금도금이 되어있으며 "여호와의 거룩하심"이라는 말이 새겨져 있다. 이 터번에는 기름부음에 쓰는 향기로운 기름도 부었다. "곧 정한 관을 그 머리에 씌우며" (5절). 복위가 완성되었다. 그의 제사장적 권위는 다시 한 번 실행될 수 있었다.

그는 임관되었다

> "여호와의 사자가 여호수아에게 증거하여 가로되 '만군의 여호와의 말씀에 네가 만일 내 도를 준행하며 내 율례를 지키면 네가 내 집을 다스릴 것이요 내 뜰을 지킬 것이며 내가 또 너로 여기 섰는 자들 중에 왕래케 하리라'" (6-7절).

용서하시는 하나님은 하실 일을 관대하게 끝내셨다. 이제 주어진 특권을 누리며 '그분의 길을 따라 가며' 그 책임을 받아들일 것인지는 여호수아가 선택할 문제이다. '그분의 길을 따라 간다'는 말을 신약 언어로 하면 "성령 안에서 행하며(walking in the Spirit)"이다.

여호수아는 재임명되었을 뿐 아니라 이전에 한 번도 누리지 못했던 특권까지 허락받았다. 그것은 하나님의 존전에 직접 가서 전지전능하신 그분의 권고를 들을 수 있는 권리이다.

□ 연구 질문

1. 본인이 그리스도인으로서 살아오면서 "두 번째 기회"를 받은 것은 언제였는가? 실수에서 배운 것은 무엇이었나?

2. 스가랴의 비전에서 여호수아의 더러운 옷은 무엇을 나타냈는가? 깨끗한 옷은 무엇을 나타냈는가?

□ 성경 탐구

1. 하나님과의 관계를 잃어버린 제자는 어떻게 다시 시작할 수 있는가? 다음의 구절을 통해 얻을 수 있는 영감이 있다면?

계 1:6, 롬 8: 33-34, 롬 13:13-14, 빌 1:6, 슥 3:3-7, 엡 1:4, 요 8:11, 요일 1:7

성령님은 영적 엘리트 그룹인 고급 크리스천들만이 누리는 사치가 아니다. 성령 충만한 그리스도인의 삶은 최소한의 필요조건이다. 하나님은 그의 자녀가 겨우 생계를 유지하길 원하지 않으신다. 그 분은 우리에게 가없는 축복의 보고를 열어 주길 기다리신다.

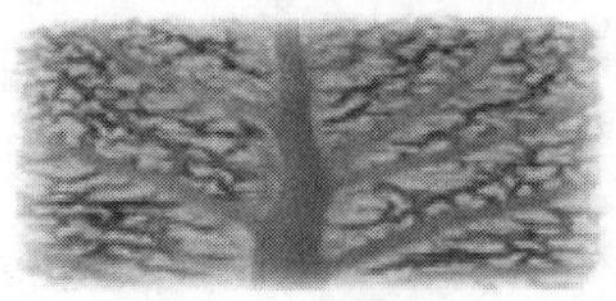

19

제자의 역동성

볼지어다 내가 내 아버지의 약속하신 것을 너희에게 보내리니
너희는 위로부터 능력을 입히울 때까지 이 성에 유하라. – 눅 24:49
오직 성령이 너희에게 임하시면 너희가 권능을 받고……
내 증인이 되리라. – 행 1:8

예수님께서 승천하시기 전에 하신 이 말씀에서 제자들에게 위로부터 오는 힘(권능)을 입기까지는 공적인 사역으로 들어가지 말라고 하신다. 그분 자신이 그런 본을 보이셨다. 그분의 거룩한 생활에도 불구하고 "하늘이 열리고 하나님의 성령이 비둘기같이 내려 자기 위에 임하심을 보시기까지"는 공적 사역을 착수하지 않으셨다 (마 3:16).

제자들은 예수님께서 하신 말씀을 마음에 두고 기다리다가 오순절날 "다 성령의 충만함을 받았다" (행 2:4). 그 때까지 그들은 거의 활동을 안 했는데 그 후 얼마 안 있어 "세상을 뒤집은 자

들"이라는 소리를 듣게 되었다. 성령님의 역동적인 힘이 그들의 사역을 바꾸었고 대단히 효과적으로 만들었다.

성령님의 사역과 움직임에 대해서 많은 혼동이 있는 요즈음, 열심이라는 것이 예수님께서 말씀하신 사랑의 심령이 참된 제자도의 증거임을 부인하고 편협함을 낳는 반대되는 관점이기가 쉽다. 우리는 반드시 우리가 보는 사실을 말해야 하지만 사랑으로 말해야만 한다 (엡 4:15).

성령님을 감정적인 경험의 차원에서 생각해서는 안 된다. 그분은 불가사의하지도 않으며 어떤 존재에 스며드는 초자연적인 영향력도 아니다. 그분은 마치 전기와 같이 우리 소용대로 쓸 수 있는 어떤 힘도 아니다. 그분은 인격이신 하나님이며 하나님 아버지와 하나님의 아들과 권능 및 위엄 면에서 동등하다. 그분은 동일하게 사랑 받으시고 찬양 받으시며 순종 받으실 분이다.

성령님은 영적으로 엘리트 그룹인 고급 크리스천들이 누리는 사치이고 특정 경험이 없는 자들은 2류 시민이라는 인상을 주면서 가르치는 이들이 있다. 그러나 이것은 오해이다. 사실 예수님은 완전히 그와 반대로 가르치셨다. 이것이 그분의 말씀이다.

> 너희 중에 아비 된 자 누가 아들이 생선을 달라 하면 생선 대신에 뱀을 주며 알을 달라 하면 전갈을 주겠느냐! 너희가 악할찌라도 좋은 것을 자식에게 줄줄 알거든 하물며 너희 천부께서 구하는 자에게 성령을 주시지 않겠느냐!
> — 눅 11:11-13).

이와 상통하는 본문에서 예수님은 이렇게 덧붙이신다. "너희 중에 누가 아들이 떡을 달라 하면 돌을 주겠느냐?" (마 7:9)

이와 같이 성령님의 특성과 사역을 설명하실 때 주님은 그분을 동방 생활의 사치품과 비유하지 않고 동방의 일상 가정에서 먹는 빵, 생선, 달걀과 같은 기본 식료품에 비유하셨다. 고기는 너무 비싸서 일반 가정에서는 사치품으로 생각했었다.

그래서 이 말씀의 요점은 성령님이 영적 엘리트들을 위한 특별 사치품으로 생각해서는 안 되고 오히려 빵, 생선, 달걀과 같이 그분의 사역은 보통 크리스천의 삶에 필수 불가결하다는 얘기다.

에베소 장로들과 바울이 나눈 대화에도 똑같은 진리가 나온다. 그는 분명히 그들의 경험에서 중요한 것이 빠져 있음을 감지했다. "'너희가 믿을 때에 성령을 받았느냐?' 가로되 아니라 우리는 성령이 있음도 듣지 못하였노라'" (행 19:2).

그들이 잘 모르는 부분을 가르친 후에 바울이 그들에게 손을 얹으니 "성령이 그들에게 임하셨다" (6절). 성령님은 이미 오순절 날 온 교회에 주어졌으나 에베소 장로들이 그것을 믿고 하나님의 선물을 사용에 써야만 했다.

성령의 충만을 받으라

성령의 충만을 받으라는 명령(엡 5:18)은 마치 빵, 생선, 달걀 등이 어른들만 먹고 애들은 먹으면 안 되는 것이 아닌 것처럼, 특별히 거룩한 사람들 또는 고급 단계에 있는 그리스도인들에게만 해당되는 것이 아니다. 성령님의 은혜가 넘치는 사역은 제자 생활의 모든 단계에서 다 필요한 것이며 없어서는 안 된다. 성령으로 충만한 것은 풍성한 그리스도인의 생활을 위해 최소한으로 필요한 것이다. 하나님은 자녀들이 겨우 생활의 필수품만으로 살기를 원치 않으실 뿐더러 우리들에게 무진장한 축복의 보고를 열어 주기를 원하신다.

에베소서 5장 18절의 동사 시제를 보자. "성령의 충만을 받으라.” 주님께서 예언하셨던 것처럼 계속 진행되는 형태이다. “명절 끝날 곧 큰 날에 예수께서 서서 외쳐 가라사대 누구든지 목마르거든 내게로 와서 마시라 나를 믿는 자는 성경에 이름과 같이 그 배에서 생수의 강이 흘러나리라 하시니 이는 그를 믿는 자의 받을 성령을 가리켜 말씀하신 것이라” (요 7:37-39).

“충만하라(filled)”는 것이 무슨 뜻일까? 우리는 수동적으로 우리 안에 뭔가 부어질 것을 기다리는 움직이지 않는 용기가 아니다. 우리는 성령님에 의해 인도하심을 받고 통제될 수 있는 약동하는 인격들이다. 이 단어가 의미하는 바가 그것이다. 에베소서 5장 18절에서 “술 취하지 말라”는 “성령의 충만을 받으라”와 대조된다. 즉 “술의 영에 매여있지 말라. 술은 혼란함을 낳을 뿐이니, 오직 성령님에 의해서만 다스리심을 받으라”이다. 나의 삶을 그분의 통제하에 두라.

충만하다는 이 말은 슬픔 또는 두려움으로 가득하다라고 할 때도 쓰인다. 감정은 우리의 행동의 반응을 강력하게 제어할 수 있다. 따라서 내가 성령으로 충만할 때는 내 인격이 자발적으로 협조적으로 그분의 다스리심에 굴복한다.

열 두 사도들이 인류 최고의 선생님 아래에서 집중적인 개인 교습을 받았음에도 불구하고 그들의 삶이 힘있고 성공적이라기보다 연약함과 실패로 특징 지워지는 것이 이상한 것 같다. 오순절 성령 강림이 그 모든 것을 바꾸었다. 그들은 성령님으로 충만했다. 예수님은 부활 후에 그러한 결점이 고쳐질 것이라고 제자들에게 확실히 말씀하셨다.

권능의 약속

“오직 성령이 너희에게 임하시면 너희가 권능을 받고 예루살렘과 온 유대

인간은 본래 여러 가지 힘에 대한 열망을 타고나는 것 같다. 그 열망함이 꼭 잘못된 것은 아니지만 그 동기를 신중하게 살펴봐야 한다. 힘이 항상 축복만은 아니다. 히틀러도 권력을 소유했으나 정결함과 상응하지 않고 동기가 완전히 잘못되었기 때문에 전 세계를 혼돈 상태에 빠뜨렸다. 마귀는 힘이 있다 "그의 힘과 재주는 뛰어나다." 그러나 그것을 파괴에 사용한다.

힘(power)에는 두 가지 단어가 쓰인다. "권위"를 의미하는 exousia와 "능력, 힘, 에너지"를 의미하는 dunamis이다. 주님께서 제자들에게 약속하신 것은 dunamis이다. 단순히 지적 혹은 정치적 또는 웅변가의 힘을 말씀하신 것이 아니라 성령님을 통해서 하나님으로부터 직접 오는 힘(권능)을 말하는 것이다. 이 권능은 효과적인 영적 섬김을 격려하고 생활에 혁명을 일으키는 힘이다.

제자들이 성령으로 충만하고 그 약속된 힘을 받고 난 후 변한 것을 보라. 그 전에는 주님께서 가장 힘드실 때에 "다 버리고 도망갔다." 그러나 이제 "그들은 힘으로 넘쳐서 담대하게 말씀을 전했다."

사실상 힘의 법칙은 고정되어 있다. 예를 들어 전기가 그렇다. 그 법칙을 따르면 큰 도움이 되는데 그것을 거스르면 자신을 파괴할 것이다.

성령님은 모든 힘 중 가장 위대한 권능이며 그분은 그분의 힘을 다스리는 법칙에 따라 행동하신다. 그런 법칙을 따르면 그분이 나를 도와주신다. 그것들을 어기면 힘은 새 나간다. 베드로의 설교에서 다음 말은 그러한 법칙들 중 하나를 강조한 것이다. "하나님이 자기를 순종하는 사람들에게 주신 성령" (행 5:32).

오순절 전에 사도들의 증거는 미미한 영향을 미쳤지만 그 뒤바뀌는 경험 후에 그들의 말은 남다른 권능을 갖게 되었다.

오순절 설교에서 베드로는 그러한 힘으로 말하자 "그들은 마음을 찢고 이렇게 외쳤다. '형제들이여, 우리가 어떻게 할꼬?'"

말은 깊이 감동을 주면서 죄를 깨닫게 하는 힘에서 다르다. 성령님이 다스리는 사람이 한 말은 듣는 사람의 마음에 죄를 깨닫고 하고 확신을 준다. 반면 같은 말이라도 성령으로 그렇게 덧입지 않은 다른 사람이 하면 사람들을 움직이지 못할 것이다. 바로 성령의 "기름 부으심"이 있고 없고의 차이다.

오순절 이후의 제자들의 경험에서 우리는 성령으로 충만한 것의 본질적 요소에 대한 원형을 볼 수 있다. 그 때로부터 그들이 가진 것이 있다.

그리스도께서 거하시는 새로운 임재 의식

그들이 하는 모든 말과 설교에서 받는 인상은 그리스도께서 그들 바로 가까이에 계시다는 것이다. 그들이 어떤 작품을 낭독하는 것이 아니라 어떤 인격을 나타내고 있는 것이었다.

그리스도의 인격을 닮는 새로운 형상

성령님의 현재 방해받지 않는 사역을 통해서 그들은 "그분과 같은 형상으로 변하고 있었다" (고후 3:18).

그리스도의 힘에 대한 새로운 경험

그들이 그렇게도 갈망했지만 받지 못했던 힘의 법칙에 순응하자 그것이 주어졌다. "우리는 어찌하여 쫓아내지 못하였나이까?" (마 17:19)와 "천하를 어지럽게 하던 이 사람들이 여기도 이르매" (행 17:6)가 대조를 보인다.

어떤 이가 오순절 후에 재미있는 사실을 관찰했다. 사도들은 거룩함을 위해 모이던 그 다락방을 아예 빌려서 계속 그 안에 있지 않고, 거리로 나가 그리스도를 증거한 것이다.

영적 은사가 다양하듯이 성령님께서 사람마다 때마다 일하시는 방식도 다양하다. 어떤 사람에게는 영혼을 향한 열정이 결과로 나타나고 어떤 사람은 하나님의 말씀에 대해서 특별히 열성이 대단할 수 있으며 또 다른 사람은 사회 문제에 큰 관심을 가질 수 있다. 그러나 각 사람 가운데 일하시는 분은 "하나이시고 동일한 성령님"이시다.

사회적 관심

성령님의 사역을 영적 활동과 관련해서만 생각하는 경향이 있다. 그러나 사도행전을 보면 제자들이 교회에 관한 문제나 경제적인 문제뿐만 아니라 사회적인 문제와 인종적인 문제에도 개입되었음을 알 수 있다.

예수님은 말씀을 전하는 사역뿐 아니라 선을 행하는 것을 위해서도 성령님과 힘의 기름부음을 필요로 하셨다 (행 10:38). 성령님의 권능은 참으로 설교 단이나 교회에서 필요한 만큼 가정과 일터, 지역 공동체에서의 섬김을 위해서도 필요하다. 오순절 날 120명의 성도들 얘기는 다시 나오지 않는다. 틀림없이 많은 이들이 집으로 돌아가서 정상적인 생활을 하며 하나님과 동행하는 삶을 살았을 것이다. 하나님은 인정되지 않은 일꾼들을 아시고 약속하시며 보상하신다.

스데반은 예루살렘 교회에서 가난한 헬라파 과부들을 구제하는 일을 돌보도록 사도들이 뽑은 일곱 집사 중 하나였다. 사도들은 구제가 올바르고 필요한 사역임을 깨달았고 다른 유능한 이들에게 그 책임을 위임했다. 그것은 사도들이 그런 시시한 봉사를 하기에는 더 뛰어나서가 아니라 무시할 수 없는 주된 책임이 있었기 때문이다. 그것은 말씀과 기도의 사역이었다. 다른 이들이 가난한 이들을 사역할 수 있었으나(하나님께서 그러한 은사를 그들에게 주셨다.) 사도들은 다른 이가 대신 수행할 수 없는 사도로서의 책임이 있었다.

이 사회 사역을 담당하도록 뽑힌 사람들의 자질은 "성령과 지혜가 충만한 것으로 알려질" 정도였다 (행 6:3). 이 드러나지 않는 사회 사역에서 충실하게 책임을 다한 스데반은 나중에 강력한 설교 사역의 길을 열었고 순교로 인해 절정에 달했다. 성령님의 중요한 사역 중 하나는 제자가 그리스도의 몸에서 효과적인 섬김을 하도록 준비시키는 것이다.

엄청난 약속을 주시는 말씀이 여기 있는데 필자에게는 과분한 것 같았다. "너희가 악할지라도 좋은 것을 자식에게 줄줄 알거든 하물며 너희 천부께서 구하는 자에게 성령을 주시지 않겠느냐" (눅 11:13).

H. B. 스위티(Swete)는 헬라어로 "the Holy Spirit"은 3위이신 인격으로서의 성령을 말하고, 정관사가 없는 "Holy Spirit"은 그분의 움직이심과 나타남을 말한다고 지적한다.

따라서 이 구절에서 예수님은 3위이신 성령님의 인격을 구하라는 것이 아니라 우리가 하나님의 뜻을 행하고 사역을 효과적으로 감당하기에 필요한 성령님의 움직이심을 구하라는 것이다.

자신의 부족함을 의식하고 있는 제자에게 이 말씀이 주는 가능성은 참으로 놀라운 것이다.

나에게 성령의 움직이심이 필요한 부분은 어디인가? 지혜, 능력, 사랑, 순결함, 인내, 훈련? 하늘에 계신 너희 아버지께서 필요한 성령의 움직이심으로 얼마나 더욱 부어주시지 않겠는가?

□ **연구 질문**

1. 성령님은 제자가 강하게 자라고 일하도록 무엇을 하시는가?

2. 성령님의 인격과 성령님의 권능을 구별하는 것이 왜 중요한가?

□ **성경 탐구**

1. 성경은 곳곳에서 성령 충만에 관해서 언급하고 있다. 다음 구절들이 주는 도전은 무엇인가?

눅 11;11-13, 눅 24:49, 마 3:16, 엡 5:18, 요 7:37-39, 행 1:8, 행 2:4, 행 5:32, 행 6:3, 행 10:38, 행 19:2-6

20 제 자 의 소 망

성취의 시대는 그리스도께서 만왕의 왕, 만유의 주로
면류관을 받으시고 모든 피조물이 이를 인정하면서 이
루어 질 것이다. 제자들의 눈은 늘 이 영광스러운 사건
을 향해 있어야 한다.

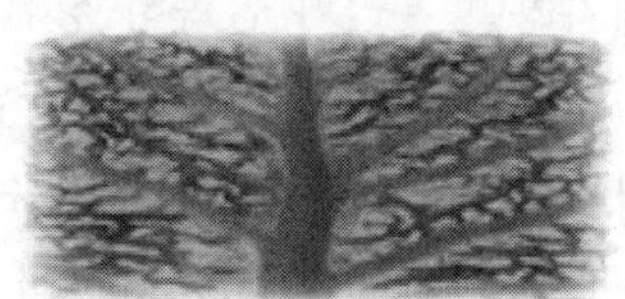

20

제자의 소망

하나님의 은혜가 ...나타나
우리를 양육하시되 경건치 않은 것과 이 세상 정욕을 다 버리고 ...
복스러운 소망과 우리의 크신 하나님 구주 예수 그리스도의 영광이
나타나심을 기다리게 하셨으니. — 딛 2:11-13

이해력이 빠른 제자라면 우리가 급속히 성취의 시대에 다가서고 있다는 주장에 이의를 제기할 사람은 거의 없을 것이다. 단순히 시대의 끝이어서가 아니라 이러한 움직임은 아무것도 이루지 못한 채 끝날 수가 있다. 성취(consummation)란 기대하는 목표가 달성되었음을 의미한다.

신약 성서는 역사 속에서와 때가 이르렀을 때, 그리스도의 궁극적인 승리를 끊임없이 그리고 있다. 우주의 위기(Dunkirk), 즉 특권 세대를 위한 구원 작업이 있을 것이라는 얘기는 우리가 아무 데서도 듣지 않았지만, 영광스러운 우리 구세주의 완전한 세

상 정복이 있을 것이라는 예언을 믿고 있다.

그리스도의 제자가 소유하는 "복스러운 소망"은 교회의 휴거가 아니다. 그것은 분명하지만 오히려 "우리의 높으신 하나님이자 구세주이신 예수 그리스도께서 영광 중에 나타나심"이다. 우리 인간들은 너무 자기 중심적이어서 그 장려한 사건이 그분께 어떤 의미가 될 지보다 나에게 어떤 의미가 될 지로 생각하는 경향이 있다. 우리가 부르는 찬송가조차도 자기 중심적으로 흐른다.

> 나의 영광되리니, 나의 영광이로세
> 나의 영광이로세, 나의 영광이로세.

성취의 시대는 그리스도께서 만왕의 왕, 만유의 주로 면류관을 받으시고 모든 피조물이 인정하면서 이루어질 것이다. 제자들의 눈은 늘 이 영광스러운 사건을 향해 있어야 한다.

그리스도 재림의 징조

이 세대는 특이할 만큼이나 예언의 우주적이고 극적인 성취를 목격했다. 예수님의 재림을 알리는 그분께서 말씀하신 많은 징조들이 우리 눈앞에서 전개되었다.

복음에 관한 징조

"이 천국 복음이 모든 민족에게 증거되기 위하여 온 세상에 전파되리니 그제야 끝이 오리라" (마 24:14).

이 예언은 유례없이 우리 시대에 어느 정도 성취되었다. 웬만한 국가에는 지금 기독교를 증거하는 사람이 다 있다. 그러나 그

리스도께서 아직 재림하지 않으셨으니 우리의 할 일이 아직 완
성되지 않은 것은 분명하다.

종교적인 징조

"누가 아무렇게 하여도 너희가 미혹하지 말라. 먼저 배도하는
일이 있고 저 불법의 사람 곧 멸망의 아들이 나타나기 전에는 이
르지 아니하리니" (살후 2:3).

불행하게도 이 징조는 우리 주위에서 성취되고 있음을 볼 수
있다. 예수님께서 예언하셨듯이 많은 이들의 사랑이 식어가고
있다 (마 24:12). 그러나 또한 전 세계 곳곳에서 전에 없던 영혼
의 추수가 일어나고 있으니 낙심할 필요가 없다.

정치적인 징조

세계의 일반 상황이 누가복음 21장 25-26절 주님의 말씀에서
보다 더 정확하게 그리고 포괄적으로 설명될 수 있었을까? "일
월 성신에는 징조가 있겠고 땅에서는 민족들이 바다와 파도의
우는소리를 인하여 혼돈한 중에 곤고하리라 사람들이 세상에 임
할 일을 생각하고 무서워하므로 기절하리니 이는 하늘의 권능들
이 흔들리겠음이라."

유대인에 관한 징조

"예루살렘은 이방인의 때가 차기까지 이방인들에게 밟히리라"
(눅 21:24).

예수님께서 재림의 전조로서 그분의 제자들에게 주신 일반적
인 징조가 있다. 이것들과 다른 많은 징조들이 거세졌고 이 시대
에 성취되었다. 2천5백년 만에 처음으로 예루살렘을 이방인이
지배하지 않게 되었다.

바리새인들이 예수님을 시험하여 하늘로서 오는 표적 보이기를 청했을 때, 예수님은 날카로운 풍자로 응답하신다.

> 너희가 저녁에 하늘이 붉으면 날이 좋겠다 하고 아침에 하늘이 붉고 흐리면 오늘은 날이 궂겠다 하나니 너희가 천기는 분별할 줄 알면서 시대의 표적은 분별할 수 없느냐 (마 16:2-3).

그리스도의 재림을 둘러싸고 자세한 내용에 관해서 우리가 어떤 입장을 취하든지, 이렇게 총괄적으로 일어나는 표적들을 그분의 재림이 임박했다는 표시로 분별하지 못한다면, 우리도 그러한 꾸중을 들을 것이다. 역사는 급속히 움직이고 있다. 단순히 대변동을 향한 움직임이라기보다는 성취를 향한 것이다.

그리스도 재림의 조건

우리 주님께서 아직 재림하지 않은 사실은 "온 족속으로 제자를 삼으라는" 교회에 맡겨진 사명이 아직 완수되지 않았음을 분명히 보여 준다. 그분의 오실 때가 불확실하기 때문에 우리가 낙심하는 것이 아니라 더 서둘러서 애를 쓰도록 박차를 가해야 한다. 하나님은 그분 자신의 지혜로운 뜻대로, 자기 백성의 협력에 의존하기로 하셨다.

천국 복음이 모든 민족에게 증거되기 위하여 우리가 전파하는 것을 조건으로 예수님께서 재림하신다고 했기 때문에(마 24:14), 제자 된 각 사람의 책임은 명백하다. 베드로가 그것을 명쾌하게 설명하고 있다.

> 그러나 주의 날이 도적같이 오리니 그 날에는 하늘이 큰 소리로 떠나가고

체질이 뜨거운 불에 풀어지고 땅과 그 중에 있는 모든 일이 드러나리로다 이 모든 것이 이렇게 풀어지리니 너희가 어떠한 사람이 되어야 마땅하뇨 거룩한 행실과 경건함으로 하나님의 날이 임하기를(speed its coming - 오시는 것이 급속히 진행되기를) 바라보고 간절히 사모하라...... (벧후 3:10-12)

임한다(speed its coming)는 말을 역으로 달리 말하면 "앞당기려고 일하다"가 된다. 그리스도의 재림이 지체되는 듯이 보이는 것은 주님께서 지체하는 것이 아니다. "주의 약속은 어떤 이의 더디다고 생각하는 것같이 더딘 것이 아니라"(벧후 3:9) 고 베드로가 확실히 전하고 있다. 그러므로 그 지체는 교회의 불순종 때문이며 지상 명령에 반응하지 않고 태만한 것이다.

위의 성경 구절에서 암시하는 바는, 그리스도께서 재림하는 때가 아주 움직일 수 없게 고정되어서 교회가 주님의 명령에 아무리 빨리 반응해도 그 시간이 가속화될 수 없다는 얘기가 아니다. 이 말을 거꾸로 하면 우리가 불순종하기 때문에 지연시킬 수 있다는 것이다.

그리스도의 재림 시기에 관하여 성경은 세 가지를 가르치는 것 같다.

신부가 얼마간 준비되어야 한다

"우리가 즐거워하고 크게 기뻐하여 그에게 영광을 돌리세! 어린양의 혼인 기약이 이르렀고 그 아내가 예비하였으니, 그(신부)에게 허락하사 빛나고 깨끗한 세마포를 입게 하셨은즉 이 세마포는 성도들의 옳은 행실이로다 하더라" (계 19:7-8).

이것은 신부가 신랑이 돌아올 것을 예상하고 있는 것임을 유념해야 한다. 사도 요한은 이와 똑같은 것을 다른 말로 표현하고 있다. "주를 향하여 이 소망을 가진 자마다 그의 깨끗하심과 같이 자기를 깨끗하게 하느니라 (요일 3:3).

그 밖에 이 구절이 의미할 수 있는 것은 교회가 죄를 씻고 깨끗이 하는 것이다. 중국에서 지난 30년간의 충격과 고통이 그 교회들을 더욱 성숙하고 깨끗하게 했다는 사실을 부인할 사람은 없을 것이다. 서구의 그 풍성하고 관대한 교회들과는 거의 정반대이다.

신부가 그분이 오시기 전에 차야 한다

사도 요한이 천상에 모인 군중을 묘사하는 장면을 보면 온 인류의 모습을 충분히 나타낸다.

> 이 일 후에 내가 보니 각 나라와 족속과 백성과 방언에서 아무라도 능히 셀 수 없는 큰 무리가 흰 옷을 입고 손에 종려 가지를 들고 보좌 앞과 어린양 앞에 서서 (계 7:9).

주님이 승천하신 후에 성령님은 그리스도의 신부를 찾아 바쁘게 일하고 계시며 또 그 특별한 일을 위해 우리를 세우셨다. 신부가 다 차야, 즉 마지막 사람이 회심을 해야 신랑이 오실 것이다. 건축물에 놓일 마지막 돌이 놓여야 하듯이, 마지막 영혼이 돌아와야 그분이 오신다.

교회가 그 임무를 완수했어야 한다

지금은 역사 이래 어느 때보다도 거의 그런 단계이다. 기독교가 전 세계적으로 알려진 것은 처음이라고 할 수 있다. 그렇다면 이 질문을 하는 것이 여기서 적절할까? '그리스도의 재림을 위해 전세계적인 복음화의 임무가 이 세대에 완성될 수 있을까?' 이전의 어떤 세대도 성취하지 못했으니 우리도 예외는 아니지 않는가? 필자는 그 답이 절대적인 '예'라고 본다. 예수님은 그분의 교회에 대한 언급으로 처음 기록된 것에서 확신 있게 헌신하셨다. "내가 이 반석 위에 내 교회를 세우리니 음부의 권세가 이기지 못하리라" (마 16:18).

하나님이 자녀들에게 불가능한 것을 성취하라고 요구하면서 애타게 하실 분이 아니다. 존 웨슬리(John Wesley)는 이와 관련하여 이렇게 말했다. "나는 그 임무가 달성할 수 있는 것인지 묻지 않는다. 다만 그것이 명령인지 물을 뿐이다." 예수님께서 그것을 명령하셨기 때문에 그것은 가능하다. 지금 아니면 앞으로 어떤 세대가 사탄의 요새에 최종 습격을 가하여 결국 승리를 이룰 것이다. 왜 우리가 그 승리를 얻을 수 없는가?

우리가 역사의 음성을 듣는다면 세계 복음화의 임무(세계의 회심이 아니라)는 그렇게 불가능해 보이지 않는다.

B.C. 500년, 유대인 모르드개는 아하수에로 왕의 조서를 배포하는 데 성공했다. 이 조서는 광대한 바사(페르시아) 왕국의 총 127도에 사는 유대인들에게 자기 방어 권리를 허락하는 내용이었다. 이것은 경이적인 일이었다.

> 왕의 서기관들이 소집되어 무릇 모르드개의 시키는 대로 조서를 써서 인도로부터 구스까지의 일백 이십 칠도 유다인과 대신과 방백과 관원에게 전할새 각 도의 문자와 각 민족의 방언과 유다인의 문자와 방언대로 쓰되 (에 8:9).

그저 왕의 명령을 수행하려 파송된 급사의 그 긴박감만 봐도 그렇다. "왕의 명이 심히 급하매 역졸이 왕의 일에 쓰는 준마를 타고 빨리 나가고" (8:14). 왕의 명령을 순종하는 이 열의와 황급함에, 만왕의 왕께 순종하는 데 있어서 교회가 보이는 무감각을 비교할 때 우리는 부끄럽기 짝이 없다. 그들은 지금처럼 현대식

발명품도 없었다. 차, 비행기, 인쇄기, 우편 서비스 등. 그러나 이 어마어마한 일을 아홉 달 만에 끝냈다! 그렇다면 우리 임무를 성취할 가능성이 어느 정도 되는지 제대로 볼 수 있다.

독일 헤른후트(Herrnhut)에서 진젠돌프(Nikilaus Zinzendorf) 백작이 세운 작은 식민지에 부흥이 일어났을 때 겨우 300명뿐이었다. 백작이 죽고, 해외 선교단체들은 거의 들어보지도 못했을 당시, 모라비안 교회는 온 유럽, 북미와 남미, 아프리카, 그린란드, 서인도 제도에 296명의 선교사를 파송했다. 20년 동안 그들은 그때까지 복음주의 교회가 200년 동안 파송한 선교사보다 더 많이 파송했다. 100년간 모라비안 교회는 밤낮으로 끊어지지 않는 기도의 사슬을 만들었다.

현대의 도전

왜 하나님은 위대한 발명품들을 이 세대를 위해 예비하셨을까? 그것이 복음의 확산을 촉진하고 가속화하기 위해서가 아니라면 무슨 이유이겠는가? 이전의 모든 세대와 비교하여 우리가 누리는 유익들을 생각해 보라.

* 우리는 거의 완전한 기동력을 갖고 있다. 비행기의 출현으로 세계는 지구촌이 되었다.
* 라디오, 텔레비전, 기타 전자 매체로 인해 전세계가 복음의 사정권내에 들어오게 되었다.
* 개선된 언어 기술이 언어 연구의 고역을 크게 줄였다.
* 초기 선교사들을 많이 앗아갔던 건강을 해치는 요소들이 더 이상 심각한 위협은 아니다.
* 교회 구성원들이 풀어놓는다면 교회는 충분한 재정을 확보

할 수 있다.

* 훈련된 사람들이라는 전에 없이 훌륭한 보고(寶庫)가 있다.

많은 정보를 가진 기독교 지도자, 칼 헨리(Carl F. H. Henry)는 복음주의 운동이 그렇게 세계적인 영향력을 미칠 수 있는 잠재력을 가져 본 적이 역사에 거의 없다고 주장한다.

주님께서 우리에게 맡기신 사명은 달성할 수 있는 것이다. 더욱 절박한 선교 노력을 위해 IVF의 이전 세대들을 처음에 움직였던 표어, "왕이 다시 오시도록 복음화하라"는 기운을 차릴 수 있다.

우리가 주님을 저버린다면 우리 세대는 변명할 것이 없을 것이다. 우리는 모든 힘과 재원을 동원하여 선교에 힘을 써 그 속도를 자극해야 한다. 초대 교회 제자들이 "세상을 뒤집도록" 힘을 주셨던 그 성령님께서 오늘날 전세계에서 일하고 계신다.

현재, 선교학에서 가장 많은 정보를 가진 이 중 하나인 랄프 윈터(Ralph D. Winter)는 앞으로의 선교에 대해서 거스르는 요소도 잘 알고 있지만 낙관적인 편이다. "세계는 역사상 가장 집중된 (선교) 운동을 이제 금방 볼 것이다. 이제까지 모아진 어떤 힘보다도 가장 힘센 선교 부대의 최종 강습이 될 것이다. 현대판 윌리엄 케리 대부대는 거의 젊은이들로 이루어질 것이다."

신부가 준비하고 있지 않아서 신랑을 계속 기다리게 하고 있는가? 신부가 자기 과제를 완성하지 못했기 때문인가?

□ **연구 질문**

1. 그리스도께서 도적같이 오시리라는 말씀은 본인에게 어떤 느낌인가?

2. 제자들은 왜 세계 복음화에 관심을 갖고 신경 써야 하는가?

3. 자기 말로 영적 제자도는 무엇인가?

4. 좀 더 영적인 제자가 되기 위해서 나의 삶에 필요한 코스 수정이나 또는 방향 전환이 있다면 무엇인가?

□ **성경 탐구**

1. 그리스도의 약속된 재림은 당신에게 어떻게 희망을 주는가? 다음의 구절을 통해 새롭게 갖게 된 소망이 있다면?

계 19;7-8, 눅 21:24, 눅 21: 25-26, 딛 2:11-13, 마 16:18, 마 24:14, 벧후 3:10-12, 살후 2:3, 요일 3:3